Axel von Blomberg & Kai-Uwe Thiessenhusen

RAD LAND LUST

32 Lieblingstouren in Berlin & Umland

Die Touren

Inhalt

Mit Ortsporträts von

Barockkirche Kloster Neuzelle

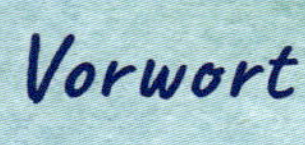

RAD LAND LUST

Berlin & Umland

Der Kontrast zwischen dem lebendigen Berlin und dem ruhigen Brandenburg ist erstaunlich und bereichernd. Über Berlin muss man nicht viele Worte verlieren. Berlin ist eine pulsierende Millionenstadt mit unzähligen Sehenswürdigkeiten. Weiter draußen staunen aber viele, wie einsam und ruhig das doch ist. Oft ist man ganz für sich und in der Natur. Es gibt ganz verschiedene Landschaftsbilder: große Seen, ausgedehnte Wälder, offene hügelige Landschaften in der Prignitz oder im Fläming, eindrucksvolle Natur in den Flussauen, den berühmten Spreewald nicht zu vergessen. Wichtige Zeugnisse der Kultur kommen nicht zu kurz: mittelalterliche Städte wie Brandenburg an der Havel oder Jüterbog, uralte Klöster in Zinna oder Chorin bis bin zu Industriekultur in Eberswalde, Luckenwalde oder Eisenhüttenstadt.

Lustgarten und Dom im Zentrum von Berlin

Rast an der Havel in Molkenberg

Autor Kai an der Alten Elbe

Die beiden Autoren sind erfahrene Tourenradler und Guides und verraten in diesem Buch ihre besten Strecken, die die Vielfalt der Region gut beleuchten und in all' ihren Facetten zeigen. Es sind überwiegend Rund-, aber auch einige Streckentouren, die ihren Ausgangs- und Endpunkt an einem Bahnhof haben.

Radwandern in Berlin und Brandenburg

In Berlin ist der angekündigte Wandel zur Fahrradstadt ein mühseliger Prozess, aber es gibt genügend Möglichkeiten, mit dem Rad die Stadt zu entdecken. Der gut ausgeschilderte Berliner Mauerweg führt einmal rund um das alte West-Berlin. Und weil die damalige Grenze direkt durch Berlins Mitte verlief, bindet der Mauerweg viele wichtige Sehenswürdigkeiten direkt an. Mit dem Europaradweg R1, Berlin–Kopenhagen, Berlin–Usedom und dem Spreeradweg erreichen mehrere Fernradwege direkt das Berliner Zentrum.

Noch gibt es aber kaum die Landesgrenze überschreitende, gut ausgeschilderte Radwege. Außer den oben genannten führen Havel- und Dahme-Radweg und der Radweg Berlin–Leipzig von Berlin nach Brandenburg. Oft landet man erst mal im unübersichtlichen Speckgürtel, aber etwas weiter fängt das Paradies an: es reicht eine kurze Zugfahrt und schon ist man raus aus dem Trubel.

Die geringe Besiedlung in Brandenburg hat auch Nachteile für das Wegenetz. Vielerorts gibt es kein (!) weit verzweigtes Netz an Nebenstraßen und Wirtschaftswegen. Feldwege sind oft aus Sand oder Kopfsteinpflaster oder DDR-Betonplatten. Die Landstraßen sind zwar meist schöne Alleen, aber zwischen den Bäumen ist wenig Platz, so dass sich bereits nach dem dritten Überholmanöver auch hier Unwohlsein einstellt. Man muss sich auskennen, um die vielen schönen Routen im Land zu finden.

Ein echter Traum sind die Deichwege an Elbe, Oder und teilweise auch der Havel. Viel Platz, viel Natur unter einem unendlichen Himmel.

Autor Axel an der Havelmündung

In einer Reihe von Landkreisen gibt es bereits eine gute Knotenpunktwegweisung. Begonnen hat es in der Prignitz im äußersten Nordwesten des Landes, die seit über zehn Jahren sich daransetzt, ein „Radler-Paradies" zu werden. „Radeln nach Zahlen" ist nun auch im ganzen Norden wie auch im Südosten des Landes Brandenburg möglich. Bei der Recherche zu diesem Buch waren gerade Knotenpunktwegweisungen in den an Berlin grenzenden Kreisen Potsdam-Mittelmark und Teltow-Fläming in Arbeit, die Stadt Potsdam soll folgen. Auf längere Sicht ohne Knotenpunkte werden nur zwei Landkreise im Osten Brandenburgs und die Stadt Berlin bleiben.

Landschaften im Uhrzeigersinn um Berlin

Einsame Straße im Havelland

Das Havelland ist ein breiter zumeist flacher Abschnitt westlich von Berlin, von Rhin und Havel durchströmt. Hier radelt man gern im Frühling, wenn der Löwenzahn auf den Kuhweiden blüht oder im Herbst, wenn die stattlichen Kraniche sich noch einmal vor dem Flug nach Süden vollfressen.

Ganz im Nordwesten erstreckt sich die Prignitz. Die Prignitz ist immer noch ein absoluter Geheimtipp. Dort kann man fast überall ungestört radeln, besonders aber empfehlen wir die herrlichen Wege auf dem Deich um das Storchendorf Rühstädt an der Elbe.

Im Ruppiner Land sind es vor allem die wunderschönen Städtchen Neuruppin und Rheinsberg, beide am Rhin gelegen, die unser Interesse wecken. Rheinsberg hat ein richtiges Musenschloss am See.

Das Gebiet der Oberhavel wird umso schöner, je weiter wir uns von Berlin entfernen. Kurz vor der Landesgrenze zu Mecklenburg reiht sich ein Klarwassersee im Wald an den anderen. Das absolute Hochsommerparadies! Buchenwälder durchbrochen von Seen wie an einer Perlenkette aufgereiht. Hier finden wir den Stechlin, dessen Name auf Deutsch Glas bedeutet, so klar ist er.

Rapsfelder im Fläming

Im Nordosten erstreckt sich die kaum besiedelte Uckermark mit ihren vielen Kuppen und Senken. Natur- und Nationalpark sind hier vorherrschend, Hektik und Stress – Fehlanzeige. Die winzigen Dörfer werden noch über Kilometer von ihren Feldsteinkirchen überragt. Ja, die Steine wurden, wie so oft in Brandenburg, von den Feldern gesammelt, und es wurden Kirchlein daraus gebaut. Die Polder der Unteren Oder stehen meist den ganzen Winter unter Wasser, kein Wunder, liegen sie doch nur wenige Zentimeter über dem Meeresspiegel.

Im Osten haben wir drei kleine aber unterschiedliche Landschaften: die sanft ansteigende Platte des Barnim mit ihren weiten Feldern und Alleen, danach die lebhaft modellierte äußerst abwechslungsreiche und waldreiche Märkische Schweiz, und dahinter das tiefe flache Oderbruch mit seinen riesigen Feldern. Hier lockt wieder ein schöner Deichweg.

Nach Südosten erwarten uns beidseits von Spree und Dahme viele dunkle Kiefernwälder, die sich nur im Herbst beleben, wenn die Menschen auf Pilzsuche gehen. Aber auch hier finden wir eine Unzahl Seen. Zwischen Bad Saarow und Wendisch Rietz erstreckt sich das Märkische Meer, der Scharmützelsee. Fast alle Seen sind schiffbar verbunden.

Fliess im Spreewald

Schließlich noch etwas weiter nach Südost lockt der berühmte Spreewald mit seinen unzähligen Fließen. Seit mehr als hundert Jahren verkörpert diese parkartige Landschaft das Idyll für den Berliner.

Ganz im Süden die Lausitz. Um die alten Braunkohlegruben entsteht eine „Landschaft aus zweiter Hand". Die Tagebaue füllen sich (dank Klimawandel leider langsamer als geplant) mit Wasser, so dass eine reizvolle Seenlandschaft am Entstehen ist.

Südwestlich Berlins erstreckt sich hinter der flachen Nuthe-Nieplitz-Niederung der Fläming, eine eiszeitliche Hochfläche mit Trockentälern. Am Fuß des Flämings treten viele klare Wasserläufe zu Tage und speisen seit alter Zeit Wassermühlen. Weitere Informationen über Brandenburg finden Sie in dieser Übersicht: https://www.tourismusnetzwerk-brandenburg.de/reisegebiete-in-brandenburg/

Sonniger Herbst am Liepnitzsee

Eisenbahn in und um Berlin

Berlin hat ca. 25 Regionalbahnhöfe und weit über 100 S-Bahnhöfe im Stadtgebiet. In jede Himmelsrichtung verlassen die Stadt mehrere Bahnlinien, auf der meist in hoher Frequenz ein Zug nach dem anderen die Stadtgrenze übertritt. Die Kombination Bahn und Rad ist auf vielen Relationen schneller als die Fahrt mit dem Auto oder mit dem ÖPNV alleine. Ihr Vorteil kommt besonders dann zum Tragen, wenn wir einen Bahnhof in der Stadt mit dem Rad ansteuern und dann nicht mehr umsteigen müssen, um ans Ziel zu gelangen.

Tipp: Details auf der Homepage des Verkehrsverbundes Berlin-Brandenburg: **https://www.vbb,de**

Vorwort

Fachwerkhäuser in Cottbus

Dennoch gibt es ein paar Regeln zu beachten. Aus Rücksicht anderen Radlern gegenüber gilt es im Regelfall, Körbchen und Taschen abzunehmen, das Rad gegen Wegrollen oder Kippen zu sichern und sich einen Sitzplatz zu suchen. Falls man sich weiter weg setzen muss, könnte das Rad an der Stange vorm Fenster angeschlossen werden.

Der Verkehrsverbund Berlin-Brandenburg (VBB) hat ein Programm „Rad im Regio" aufgelegt. Auf den besonders frequentierten Linien gibt es nun ein oder zwei große Fahrradabteile im Zug. Dennoch kann es besonders an den Wochenenden vor allem in den Zügen zur Seenplatte und weiter zur Ostsee (RE3 und RE5) oder in den Spreewald (RE2, RE7) voll werden. Wenn dies der Fall ist, sollte man sich auch erkundigen, wer von den anderen mitreisenden Radlern wo aussteigt und die Räder entsprechend sortieren. Da gilt es Freundlichkeit und Gelassenheit zu bewahren. Auch im Berufsverkehr (werktags an Nachmittagen aus Berlin heraus) kann es voll werden.

Viele idyllische Radwege gibt es an den Lausitzer Tagebauseen

Die meisten Bahnhöfe sind barrierefrei, auf den VBB-Seiten gibt es eine Übersicht dazu. Leider werden aber Fahrstühle oft beschädigt – daher hier der **Tipp:** Pedelecs lassen sich leichter tragen, wenn man die Batterie in der Radtasche auf der anderen Schulter hat, sonst kann es einen 4 Wochen im strapazierten Arm ziehen wie beim Tennis.

Wir haben unsere Einkehrtipps sorgfältig ausgewählt, aber viele kleine Gaststätten auf dem Land hatten bei unserer Recherche als Folge von Corona und Energiekrise geschlossen. Manchmal ist ein Döner oder ein Asia-Imbiss die letzte Rettung, man findet sie in Kleinstädten oft in Bahnhofsnähe. Der erfahrene Radler hat immer etwas Obst, etwas zu trinken und mindestens einen Energieriegel dabei, um zu „überleben".

Kartenmaterial

Wer auf eigene Faust unterwegs ist, sollte sich auf eine gute Karte verlassen. Gerade auf dem flachen Land braucht man angesichts des oft recht dünnen Wegenetzes und vieler Sandwege in weiten Teilen der Region Informationen sowohl über die Verkehrsstärken als auch über die Oberflächen. In den meisten der gängigen Apps fehlen diese Informationen.

Die ADFC-Regionalkarten geben sowohl die Kfz-Dichte als auch die Oberflächen an. Sie sind flächendeckend für die Region erhältlich. Sie gibt es auch als App unter
www.fahrrad-buecher-karten.de/kartenapp.

Gut ausgestattet kann die Radtour zu einem echten Erfolg werden.

Schildermast mit Knotenpunkten

GPS-Tracks

Auch für dieses Buch möchten wir Ihnen als zusätzliche Hilfestellung die Nutzung auf ihrem GPS-Gerät anbieten: Für jede der im Buch aufgeführten Touren stellen wir Ihnen entsprechende Track-Daten zum Download auf Ihren PC oder direkt in unsere Karten-App zur Verfügung:
www.fahrrad-buecher-karten.de/radlandlustdigital
Zugangscode: **BUU-01-150-593-RLL**

Helfen Sie mit!

Die in diesem Buch enthaltenen Informationen wurden sorgfältig nach bestem Wissen und Gewissen zusammengetragen. Dennoch gibt es in unserer schnelllebigen Zeit ständig Veränderungen: Straßennamen und Wegführungen werden verändert, ebenso Anschriften und Öffnungszeiten. Helfen Sie uns mit, dieses Buch ständig aktuell zu halten, in dem Sie uns etwaige Änderungen unter buecher@bva-bikemedia.de mitteilen. Unser Dank ist Ihnen so gewiss wie der Dank der anderen Leserinnen und Leser!

VIEL SPASS BEIM RADELN!

Tour 1

21 km

Mauer und Macht – eine Runde durch die Berliner Innenstadt

Brandenburger Tor

Rundtour vom Brandenburger Tor durch Berlin-Mitte

Eine Stadtrundfahrt, vorbei an vielen der wichtigsten Sehenswürdigkeiten der Stadt. Prall gefüllt mit Spuren der deutschen Geschichte vom 18. Jahrhundert bis zur Gegenwart. Vom Brandenburger Tor und dem Reichstag geht es zu Gedenkstätten der deutschen Teilung, durch historische Wohngebiete und alten Friedhöfen.

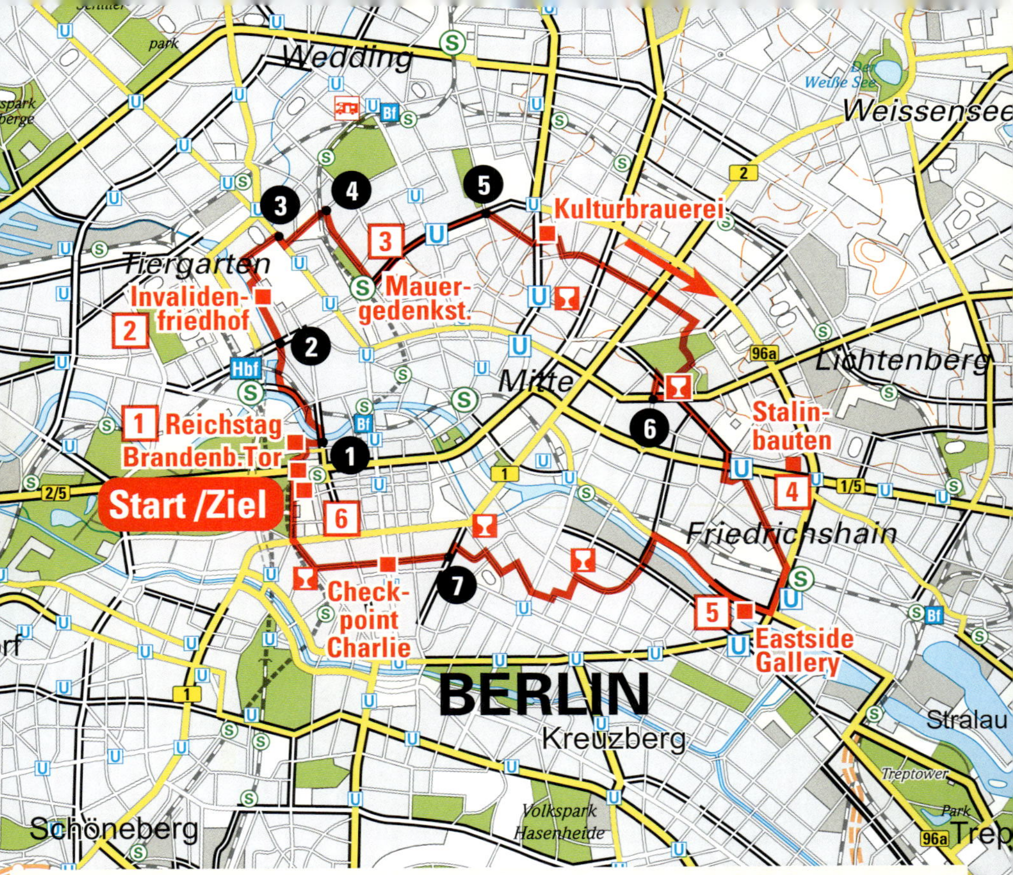

Was erwartet mich?

21 km, eine ebene Tour ohne Anstiege und Gefälle auf einem Mix von Straßen, asphaltierten oder auch mal gepflasterten Wegen. Zwei Drittel davon verlaufen entlang des ausgeschilderten Berliner Mauerwegs.

Wie komm' ich hin?

ÖPNV: S-Bf. Brandenburger Tor (S-Bahn-Linien S1, S2, S25, S26, U-Bahn-Linie U5)

Mit dem Auto: Straße des 17. Juni

Was muss ich sehen?

1. **Brandenburger Tor** und **Reichstagsgebäude**
2. **Invalidenfriedhof – Scharnhorst-Grab**
3. **Gedenkstätte Berliner Mauer**
4. **Stalinbauten** in der Karl-Marx-Allee
5. **Eastside Gallery**
6. **Denkmal für die ermordeten Juden Europas**

Wo tank' ich auf?

Kaffee Käthe
Kollwitzstraße, Prenzlauer Berg

Speisegaststätte Pila
Weinstraße, Friedrichshain

Sofiabar
Platz der Vereinten Nationen, Friedrichshain

Rosengarten am Engelbecke
Legiendamm, Kreuzberg

Spätzle Club
Seydelstraße, Berlin-Mitte

Stadtklause
Bernburger Straße, Kreuzberg

Kartentipp: **ADFC-Regionalkarte Berlin u. Umgebung**

Tour 1

Tipp: Die Hinweisschilder auf den Berliner Mauerweg sind grau und recht hoch angebracht. Wenn sie nicht mit anderer Wegweisung kombiniert sind, kann man sie leicht übersehen!

Die dünne Hinterlandmauer im Invalidenfriedhof (die vordere Mauer war höher und dicker)

Tourstart

Wir starten am Brandenburger Tor. Der Berliner Mauerweg führt an seiner Westseite vorbei. Wir fahren nach Norden am Reichstag vorbei.

Das 1 **Brandenburger Tor** ist offensichtlich kein „richtiges" mittelalterliches Stadttor, sondern ein reiner Zierbau. Ursprünglich sollte es „Friedenstor" heißen. Zu einem deutschen Nationalsymbol wurde es übrigens nicht erst zu Zeiten der geteilten Stadt mit seiner Lage an der Mauer. Im Jahr 1806 zog Napoleon triumphierend mit seinen Truppen durch das Tor ein. Als Beute nahm er die Quadriga vom Tor mit nach Paris. Nach dem Sieg der Alliierten gegen Napoleon wurde die Quadriga zurückgeholt und wieder auf dem Tor aufgebaut.

*An der Spree halten wir uns kurz rechts zur nächsten Brücke (**Wegepunkt ❶**), ggf. schieben, denn es geht gleich links zurück, danach fahren wir direkt am Ufer der Spree durch das Regierungsviertel weiter.*

Das ist eine Promenade vom Feinsten, wir sehen noch mal das **Reichstagsgebäude** in seiner ganzen Pracht mit der tollen Kuppel von Norman Forster. Es war eine wunderbare Idee, die Kuppel öffentlich zugänglich zu machen, damit das Volk den Parlamentariern über die Schulter schauen kann. Der Erfolg hat sich auch sehr bald eingestellt; mehr Besucher der Kuppel als im Schloss Neuschwanstein! Wir passieren die **Bundestagsgebäude**, die hier beiderseits der Spree liegen und mit zwei Brücken verbunden sind: unten die Brücke fürs Volk und oben die Brücke für die Mitarbeiter des Hauses.

*Wir bleiben unten am Kapelle-Ufer, fahren unter der Brücke durch, biegen rechts mit dem Ufer in den Humboldthafen ab und kreuzen die Invalidenstraße (**Wegepunkt ❷**)*

Der **Berliner Hauptbahnhof** wurde nach der Wiedervereinigung direkt an der Nahtstelle zwischen Ost und West errichtet. Die sichtbare Bahnstrecke liegt in der Hochlage, wie auch die ganze Stadtbahn mit ihren vielen Bögen. Darunter verläuft im Tunnel eine weitere Strecke in Nord-Süd-Richtung.

Wir fahren weiter jetzt am Ufer eines Kanals nach Norden.

Friedrich II. ließ das **Invalidenhaus** (heute Wirtschaftsministerium) und den 2 **Invalidenfriedhof** anlegen. Das auffälligste Grab zeigt einen schlafenden Löwen. Unter dem Löwen ruht **Scharnhorst**, ein preußischer General in den Befreiungskriegen und selbst in der DDR hochgeehrt, so dass das Grab trotz seiner Nähe zum Todesstreifen erhalten blieb. Indirekt ist Scharnhorst verantwortlich dafür, dass vor Mauerfall viele junge Männer vom Bundesgebiet nach West-Berlin gezogen sind, denn er erfand die Wehrpflicht, die nur in West-Berlin nicht galt.

Hinter dem Friedhof steht rechterhand in einem Gebäudekomplex leicht zu übersehen ein alter Turm der Grenztruppen mit einer kleinen Mauergedenkstätte. Unweit von hier wurde Günter Litfin am 21. August 1961 als erster DDR-Flüchtling hinterrücks von DDR-Grenzern im Kanal erschossen. Günter Litfin lebte im Osten, arbeitete aber in einem Modegeschäft im Westen und wollte wieder dorthin. Die Stasi log gegenüber der Familie, was die Todesursache war. Sein Bruder Jürgen brach den Sarg auf, um die wahren Verletzungen zu sehen. Nach der Wiedervereinigung hat Jürgen Litfin den Turm gesichert und brachte dort bis zu seinem Tod 2018 Besuchern die Geschichte nahe.

Autofreies Spreeufer im Regierungsviertel

*Wir folgen der Wegweisung des Berliner Mauerwegs weiter, also nicht am Wasser nach Kopenhagen, sondern vor der Panke rechts ab (**Wegepunkt ❸**). Über die Liesenstraße und unter den Liesenbrücken (**Wegepunkt ❹**) rechts ab durch die Gartenstraße erreichen wir die bekannte Bernauer Straße.*

Die **Liesenstraße** verläuft auf West-Berliner Gebiet, auf beiden Straßenseiten gibt es Friedhöfe. Auf der linken Seite liegt Friedhof II der Französisch-Reformierten

Gemeinde mit dem Grab des Schriftstellers Theodor Fontane. Seinen Werken werden wir noch an vielen Orten in Brandenburg begegnen. Die Bernauer Straße gehörte zu West-Berlin, aber die Häuser auf der Südseite schon zum Osten, In den ersten Tagen nach Mauerbau flohen von hier viele Menschen in den Westen. Bald darauf wurden die Fenster in den unteren Stockwerken zugemauert, die Häuser ein paar Monate später abgerissen und auf dem Areal entstand der Todesstreifen.

Gedenkstätte Berliner Mauer

Die 3 **Gedenkstätte Berliner Mauer** ist informativ und eindrucksvoll: hier wurde ein Abschnitt von Mauer und Hinterlandmauer rechts und links mit hohen blendenden Stahlwänden eingefasst. An der Hinterlandmauer kann man einen Blick in den Todestreifen werfen. Dieser war damals immer geharkt, nicht um Fluchten zu verhindern, sondern um zu kontrollieren, dass die Soldaten aufgepasst hatten.

Der Turm wurde von der Gedenkstättenstiftung über ebay gekauft, nachdem der Originalturm von Unbekannten entfernt worden war. Der jetzige Turm stammt aus dem Wald. daher die grünen Einfassungen. Er entspricht aber in den Maßen dem Turm, der hier stand.

Die informative Ausstellung in der Bernauer Straße 111 und 119 ist zu empfehlen, sie ist kostenlos zugänglich.

Spannend ist auch die Geschichte der Tunnelfluchten unter der Bernauer Straße. Aber das würde hier den Rahmen sprengen, wir können uns auch auf den zahlreichen Informationstafeln vor Ort schlau machen.

*Wir setzen unsere Fahrt auf dem Radweg am Mauerstreifen der Bernauer Straße fort. An der Grenze zu Prenzlauer Berg biegen wir halbrechts in die Oderberger Straße (**Wegepunkt** 5) ein, kreuzen links über die Schönhauser Allee in die Sredzkistraße und gelangen rechts über die Knaackstraße zum Kollwitzplatz.*

Wir erreichen den Ortsteil **Prenzlauer Berg**. Ende des 19. Jahrhunderts entstanden hier Mietskasernen für Arbeiter. Viele Häuser sind bis heute erhalten – eins der größten zusammenhängenden Altbauquartiere in Deutschland. In den letzten DDR-Jahren entwickelte sich die Gegend zu einem Refugium für Künstler und Studenten. In den Jahrzehnten danach wurden die Häuser saniert und Prenzlauer Berg wurde attraktiv für Familien und Besserverdienende. Aber hier und dort finden sich noch Spuren einer wilderen Zeit sowie schöne Cafés, Gaststätten und Kultureinrichtungen.

Hinter der Kreuzung mit der Schönhauser Allee liegt links die **Kulturbrauerei**. Einst war Prenzlauer Berg ein beliebter Ort für Brauereien, im sandigen Boden auf dem Hang ließen sich gut Kühlkeller graben. Heute ist die Kulturbrauerei ein Ort für Veranstaltungen aller Art.

Der nahegelegene **Kollwitzplatz** symbolisiert die heutige gehobene Wohnlage. Der schöne, dreieckige Platz trägt seinen Namen nach dem Ehepaar Karl und Käthe Kollwitz, die vor dem Zweiten Weltkrieg hier lebten. Käthe Kollwitz war eine berühmte Malerin und Bildhauerin, ihr Mann wirkte hier als Armenarzt.

*Immer geradeaus fahren wir durch die Wörther, Marienburger und Hufelandstraße. An der Hans-Otto-Straße biegen wir nach rechts in diese ein und fahren durch den Park Friedrichshain zum Platz der Vereinten Nationen (**Wegepunkt ❻**).*

Der **Volkspark Friedrichshain** entstand 1846 und ist Berlins ältester Park, er hat freilich seine Gestalt schon mehrfach verändert. Im Zweiten Weltkrieg entstanden hier zwei Flaktürme, fast der gesamte Baumbestand musste weichen. Nach Kriegsende wurden sie mit Trümmerschutt überdeckt, so dass zwei Berge entstanden, im Volksmund „Mont Klamott" genannt.

Stalinbauten in der Karl-Marx-Allee

Über den Platz der Vereinten Nationen fahren wir durch die Friedenstraße, kreuzen die Karl-Marx-Allee und biegen in der Straße der Pariser Kommune nach links und kurz danach rechts zur Marchlewskistraße ab.

Die **4 Stalinbauten** in der Karl-Marx-Allee (bis 1961 Stalinallee) sind eines der längsten Baudenkmale in Deutschland. Auf 800 m Länge wurden hier Tausende Keramikplatten aus Meißen an die Fassaden geklebt, Baluster und Säulen angebracht. Als die Straße fertig war, jubelte die DDR „die erste sozialistische Straße ist fertig". Aber alle wussten, man hatte sich übernommen und so wurden fortan nur noch einfache Bauten geschaffen.

Die Marchlewskistraße mündet in die Warschauer Straße, der wir bis zur Kreuzung mit der Mühlenstraße an der Oberbaumbrücke nach rechts folgen und fahren dann auf dem Radweg an der Mühlenstraße rechts weiter.

Eastside Gallery

Über einen Kilometer erstreckt sich die bemalte Hinterlandmauer an der 5 **Eastside Gallery**, zwischen Mühlenstraße und Spree. Während große Teile der Berliner Mauer von Westseite aus bemalt worden waren, blieb die Ostseite natürlich gut bewacht und unzugänglich. Erst in den Wendetagen 1990 kamen hierher Künstler und gestalteten die Seite zur Straße mit Themen jener Zeit.

Nachdem wir den Ostbahnhof passiert haben, biegen wir links ab und queren auf der Schillingbrücke die Spree. In einer sanften Kurve führt der Bethaniendamm nach Westen.

Leicht zu übersehen ist das kuriose **Baumhaus** der Familie Kalin auf der linken Seite. Für diese türkische Familie war die Mauer nichts anderes als Windschutz und Speicher für die Sonnenwärme, denn sie wohnte ja auf der Kreuzberger, also der Sonnenseite. Die Familie wusste erst gar nicht, dass ihr Garten schon in der DDR lag. Das merkten sie erst als eines Tages die Grenzer mit einer Leiter über die Mauer kamen. Die wollten aber nur nicht, dass die Hütte zu hoch wurde und kehrten besänftigt in ihr Reich zurück.

Die Senke am Bethaniendamm war mal ein kleiner Kanal. Das **Engelbecken**, was es wieder gibt, war mal der Hafen der Luisenstadt. Heute kann man unten am Ufer Kaffee trinken.

*Vom Engelbecken folgen wir dem ausgeschilderten Mauerwegverlauf im Zickzack bis zur Axel-Springer-Straße, links, zweite Straße wieder rechts (**Wegepunkt 7**) in die Zimmerstraße und folgen ihr zum Checkpoint Charlie. Weiter geradeaus durch die Niederkirchnerstraße kommen wir rechts durch die Stresemannstraße zum Potsdamer Platz.*

Reisemobilstellplätze an oder nahe der Route:

Wohnmobil-Oase
Hochstraße,
Berlin-Wedding
(fast direkt an der Route)

Auf dem Mauerweg durch den südlichen Teil von Berlin-Mitte erleben wir Spuren der deutschen Geschichte, ganz dicht komprimiert. Es beginnt mit dem Hochhaus des konservativen **Springer-Verlages**. Mehrere Gedenkorte erinnern an Opfer der Berliner Mauer, am berührendsten wohl die an Peter Fechter. Er wollte aus der DDR fliehen, wurde von Kugeln der Grenze getroffen und verblutete im Grenzstreifen vor vielen Zuschauern. Von der Westseite durfte man ihm nicht helfen, die Kommandeure der DDR-Grenzer wollten nicht. Der **Checkpoint Charlie** war wohl der bekannteste Grenzübergang Berlins. Eine Kontrollbaracke wurde originalgetreu wieder aufgebaut.

Rechts an der Kreuzung mit der Wilhelmstraße finden wir einen Sitz der Macht: das 1935 gebaute frühere **Reichsluftfahrtministerium**, zu DDR-Zeiten Haus der Ministerien. Nach 1990 war es Sitz der Treuhandanstalt, die die DDR-Betriebe abwickeln sollte. Nach ihrem von der RAF ermordeten Präsidenten heißt es nun „Detlev-Rohwedder-Haus" und ist Sitz des Bundesfinanzministeriums. Schließlich steht gegenüber vom preußischen Landtag (heute Sitz des Berliner Abgeordnetenhauses) der **Martin-Gropius-Bau**. Hier erinnert die Ausstellung „Topographie des Terrors" an den Terror des Naziregimes. Dort saßen die Zentralen von Gestapo, der SS und des Reichssicherheitshauptamtes.

All' diese Orte lohnen natürlich einen längeren Besuch, hier können wir sie nur sehr kurz beschreiben.

Vom Potsdamer Platz fahren wir vorbei am Denkmal für die ermordeten Juden Europas zum Brandenburger Tor zurück.

Der **Potsdamer Platz** war einst der verkehrsreichste Platz Europas – daher hatte er auch eine von Polizisten bewachte Ampel. Ein Nachbau dieser Ampel steht heute mitten auf dem Platz, natürlich ohne Funktion.

Das **6 Denkmal für die ermordeten Juden Europas** ist ein riesiges Stelenfeld zwischen Potsdamer Platz und Brandenburger Tor. 2711 unterschiedlich große und zum Teil geneigte Stelen füllen die Fläche. Am Anfang fangen sie ganz harmlos an, werden aber zur Mitte hin immer höher, d.h. der Mensch, der dazwischen weiter geht, wird immer kleiner und verliert den Kontakt zur Umgebung. Es kommt Beklemmung auf.

Holocaust-Mahnmal

Zurück am Brandenburger Tor kann man anschließend weiter die Stadt erkunden, schon an der hier beginnenden Straße **Unter den Linden** gibt es sehr viel zu sehen.

Tour 2

33 km

Die janze Jejend ist wie elektrisiert

Altstadtinsel Köpenick

Rundtour vom Treptower Park über Köpenick

Wir radeln durch den Treptower Park, wechseln mit der Fähre aufs andere Ufer und rollen durch das alte AEG-Quartier in Oberschöneweide und mitten durch die historische Altstadt von Köpenick. Dort steht tatsächlich der kleine Hauptmann vor dem Rathaus. Mit einer kleinen Fährfahrt erreichen wir Grünau und fahren auf dem Mauerweg zurück.

Was erwartet mich?

33 km, eine ebene Tour ohne Anstiege und Gefälle auf einem Mix von Straßen, asphaltierten Wegen und kurzen Abschnitten auf Promenaden mit Kies.

Wie komm' ich hin?

ÖPNV: S-Bahnhof Treptower Park (S41, S42, S8, S9, S85)

Mit dem Auto: B96a, Puschkinallee

Was muss ich sehen?

1. **Sowjetisches Ehrenmal** im Treptower Park
2. **Industriesalon** und Umgebung Oberschöneweide
3. **Rathaus** und **Schloss** von Köpenick
4. **Gedenkstele Chris Gueffroy**, Neukölln

Wo tank' ich auf?

Sonnendeck
Edisonstraße, Oberschöneweide

Kranhaus Café
Paul-Tropp-Str. Oberschöneweide

Krokodil
Gartenstraße, Köpenick

Hafenbaude
Müggelbergallee, Wendenschloss

Kartentipp: **ADFC Regionalkarte Berlin und Umgebung**

Tour 2

Tipp: Wir nutzen heute zwei BVG-Fähren. Die erste über die Spree und die zweite über die Dahme. Wer keine Dauerkarte hat, ist gut beraten, sich eine Tageskarte zu kaufen.

Tourstart

Wir starten am S-Bahnhof Treptower Park und schieben vielleicht erst zur Dampferanlegestelle, wo es leckere Fischbrötchen gibt. Dann folgen wir der Beschilderung des R1 auf den Radwegen an der Puschkinstraße stadtauswärts.

Nach wenigen Metern sehen wir rechts einen monumentalen Steinbogen und je nach Jahreszeit eine Denkmalanlage zischen den Bäumen. Direkt nach dem Kriegsende wurde der rote Marmor der zerstörten Reichskanzlei hierher gebracht und in vier Jahren langer Arbeit das 1 **Sowjetische Ehrenmal** daraus errichtet. Das Schwert des 12 m hohen Soldaten ruht auf einem zerstörten Hakenkreuz.

Im Treptower Park befindet sich ein Stück weiter die nach ihrem Gründer benannte **Archenhold-Sternwarte**. Auf ihrem Dach befindet sich das längste Fernrohr der Welt.

Archenhold-Sternwarte

*An der nächsten Kreuzung (**Wegepunkt** ❶) verlassen wir den R1 und fahren links über die Bulgarische Straße ans Ufer der Spree. Dem Uferweg folgen wir bis zur Fähre nach Oberschöneweide.*

Am anderen Ufer der Spree sehen wir ein großes **Kraftwerk**, das in den 1920er Jahren gebaute Klingenberg. Es wurde über den Wasserweg mit schlesischer Steinkohle versorgt. Als Schlesien nach dem Krieg polnisch wurde, stieg man auf die Lausitzer Braunkohle um, die nach wie vor das Kraftwerk auf dem Wasserweg erreichte. Dazu wurde in Königs Wusterhausen extra eine Waggonkippanlage gebaut, um die benötigten Mengen Kohle effektiv umzuschütten. Das Stück Dahme zwischen Königs Wusterhausen und diesem Kraftwerk musste auf Biegen und Brechen wortwörtlich im Winter aufgebrochen werden. Wäre der Fluss zugefroren, wären in Ost-Berlin die Lichter ausgegangen.

Wir queren mit der Fähre die Spree, sehen einen informativen Aufsteller des R1, aber bleiben an den Gleisen der alten Bullenbahn und fahren rechts über die Nalepastraße und später Wilhelminenhofstraße durch Oberschöneweide. In unserer Richtung haben die Straßen mehrheitlich einen Radweg, der wurde genau über dem Verlauf der alten Industrieeisenbahn gebaut, die viele Fabriken in Oberschöneweide erschloss und im Volksmund die Bullenbahn hieß.

Sowjetisches Ehrenmal in Treptow

Besonders auffällig sind die AEG-Hallen an der Kreuzung mit der Edisonstraße. Über diese Kreuzung ziehen sich die Strippen für die Tram in alle Richtungen. Meine Oma sagte noch „Elektrische" zur Tram. Und da sie Ostpreußen und Berlin kannte, sagte sie immer: „In Berlin war ich wie elektrisiert, da lag was Spezielles in der Luft. In Ostpreußen war es nur Pferdemist..."

Noch vor 1900 wird in Oberschöneweide an der Wilheminenhofstraße das erste Drehstromkraftwerk Europas eröffnet. Seine Fassade imitiert das Palais des Beaux Arts in Paris. Hauptabnehmer der Energie war das benachbarte Kabelwerk der AEG.

Wer sich stärker für die Industriegeschichte dieser Ecke interessiert, sollte dem **2 Industriesalon in Oberschöneweide** einen Besuch abstatten. Am besten vorher anrufen, weil er selten geöffnet hat (Reinbeckstraße 9, Tel. 030-53007042).

Industriesalon Schöneweide

In den letzten Jahren hat sich das Gesicht von Oberschöneweide sehr gewandelt. Viele alte Industriebauten wurden saniert. Ein Campus der Hochschule für Technik und Wirtschaft entstand, so dass viele Studenten hier sind.

*Wir verlassen das Industriegebiet in Oberschöneweide über die Ostendstraße und stoßen bei der Straße An der Wuhlheide (**Wegepunkt 2**) wieder auf die Beschilderung*

Rathaus Köpenick

des R1, der wir rechts Richtung Köpenick folgen. Hinter der Bahnlinie fahren wir rechts über die erste Brücke, links mit dem R1 am Ufer der Spree und später der Dahme entlang, um dann erneut rechts über die zweite Brücke in die Altstadt von Köpenick zu gelangen.

Köpenick ist eine ältere Stadt als Berlin und wurde erst 1920 eingemeindet. Die Altstadt liegt sehr idyllisch auf einer Insel zwischen Spree und Dahme. Am Ende der Brücke ist das **Schloss** gleich rechts, während man zum Rathaus ein paar Meter der Straße Alt Köpenick nach links folgen muss. Aber es lohnt allein wegen der Erinnerung an den „Hauptmann von Köpenick", der 1906 sich im Kostümverleih eine Hauptmannsuniform lieh und damit die Rathausbeamten so beeindruckte, dass sie ihm die Stadtkasse ‚rausrückten.

Historisch bedeutsamer ist das barocke **3 Schloss von Köpenick**. Es wurde 1682 im Stil des holländischen Barock errichtet. Heute finden wir dort ein Kunstgewerbemuseum.

Schloss von Köpenick

*Wir verlassen die Altstadtinsel Köpenick und damit die Spree und folgen nun der Dahme nach Süden (**Wegepunkt ❸**). Folgerichtig wechselt die Ausschilderung von R1 zum Dahme-Radweg.*

Zunächst kommen wir durch den Köpenicker Kietz. Das ist ein „echter" Kietz, er stammt aus dem Mittelalter. Kietze waren Siedlungen für Fischer und andere Dienstleister in der Nähe von Burgen, so auch hier. Der Kietz blieb lange unabhängig, erst 1898 wurde er nach

Reisemobilstellplätze an oder nahe der Route:

Historisches Fährhaus/ Yachthafen Löber
Müggelbergallee 1, Berlin

Köpenick eingemeindet. Erhalten hat sich eine schöne geschlossene Bebauung aus der Zeit um 1800. Von diesen Kietzen leitet sich die heute sehr verbreitete Bezeichnung „Kiez" für viele Berliner Wohngebiete ab.

Fast am Ende der Wendenschloßstraße biegen wir rechts ab zur Fähre über die Dahme nach Grünau.

*Über die Wassersportallee erreichen wir den S-Bahnhof Grünau. Wer nicht mehr mag, kann die Tour hier beenden. Ansonsten geht es weiter geradeaus über die Richterstraße und rechts Bruno-Taut-Straße. Am Ende biegen wir rechts in die Straße Am Falkenberg (**Wegepunkt ❹**) ein. Wir folgen der Straße geradeaus, auch wenn sie ihren Namen ändert in Grünauer Straße und Rudower Straße. Hinter der Autobahn (**Wegepunkt ❺**) biegen wir nach rechts in den Mauerweg ein.*

*Jetzt folgen wir der Beschilderung des Berliner Mauerwegs, dem wir entlang des Teltowkanals autofrei stadteinwärts folgen. Wir bleiben immer auf diesem Uferweg, auch wenn er unter der Autobahn am Britzer Verbindungskanal (**Wegepunkt ❻**) nach rechts weiterführt.*

Hier stoßen wir auf das traurige **4 Erinnerungsdenkmal für Chris Gueffroy**. Manche Quellen sagen, er wäre der letzte Mauertote, aber es gab später noch einen tödlichen Fluchtversuch mit einem Ballon. Chris Gueffroy wollte im Februar 1989 mit seinem Freund Christian Gaudian in den Westen fliehen und wurde sofort von einem Grenzschützer erschossen. Sein Freund überlebte schwer verletzt. Die Stasi zwang die Ärzte, den Todesschein von Herzdurchschuss auf Herzversagen zu ändern. Der Grenzer traf Chris mindestens zehn Mal, er erhielt dafür 150 Mark Prämie von der DDR. Später bekam er zwei Jahre auf Bewährung von einem Gericht im vereinigten Land.

Gedenkstele für Chris Gueffroy

Hinter dem Denkmal führt uns der Mauerweg links über den Kanal und dann fast autofrei und schön ausgebaut weiter am Heidekampgraben in die Stadt zurück. Um unseren Ausgangspunkt wieder zu erreichen, muss man nur noch links auf die Kiefholzstraße, rechts Puderstraße und hinter den Bahnschienen links-rechts-links auf die Straße Am Treptower Park gelangen. Vor der Bahnbrücke geht rechts ein Fuß- und Radweg in den Park der uns wieder direkt zum S-Bf. Treptower Park zurück bringt.

Tour 3

Von der Spree zur Dahme – Seentour im Berliner Südosten

Das autofreie Dahmeufer in der Köpenicker Altstadt

Rundtour von Spindlersfeld über Neu Zittau zurück nach Köpenick

Diese Tour führt uns von Spindlersfeld durch die Altstadt von Köpenick, entlang des Müggelsees nach Erkner und von da beidseits der Spree bis Neu Zittau. Weiter über Gosen nach Schmöckwitz und auf dem Dahmeradweg längs der Dahme nach Köpenick zurück.

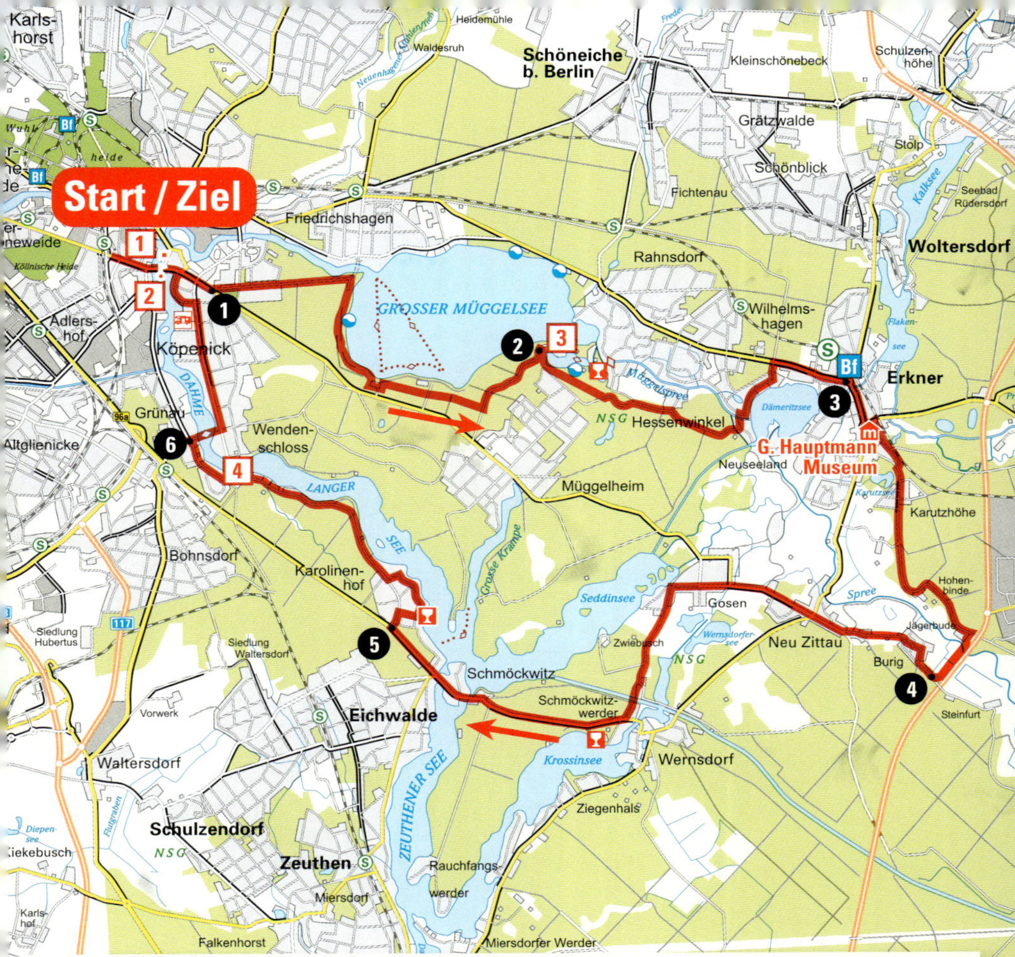

Was erwartet mich?

49 km, eine ebene Tour ohne Anstiege und Gefälle auf einem Mix von Straße, asphaltierten Wegen und kurzen Abschnitten auf Promenaden mit Kies.

Wie komm' ich hin?

ÖPNV: S 47 Spindlersfeld

Tipp: Wir nutzen unterwegs eine BVG-Fähre. Wer mit dem öffentlichen Verkehr anreist und keine Dauerkarte hat, sollte überlegen, sich eine Tageskarte zu kaufen.

Mit dem Auto: B96a, Dörpfeldstraße

Was muss ich sehen?

1. **Hauptmann von Köpenick** am Rathaus
2. **Schloss Köpenick** mit Kunstgewerbemuseum
3. **Großer und Kleiner Müggelsee**
4. **Regattastrecke Grünau**

Wo tank' ich auf?

Gaststätte Neuhelgoland
Neuhelgoländer Weg 1, Berlin

Restaurant Mutzenbacher
Wernsdorfer Str. 38, Berlin

Restaurant Karolinenhof
Rohrwallallee 87, Berlin

Kartentipp: **ADFC-Regionalkarte Berlin und Umgebung**

Tipp: Empfehlenswerte Bademöglichkeit Kleiner Müggelsee

Tourstart

Wir starten am S-Bf. Spindlersfeld, der bequem ebenerdig zu verlassen ist. Auf den Radwegen der Oberspreestraße erreichen wir die Lange Brücke und die Ausschilderung des R1. Wir überqueren die Brücke und sehen rechts das Schloss Köpenick. Zum Rathaus schieben wir am besten ein paar Meter links durch die Fußgängerzone.

Köpenick ist älter als Berlin und man ist dort auch stolz drauf. Wunderschön liegt die Altstadt auf einer Insel am Zusammenfluss von Spree und Dahme. Berühmt ist der **1 Hauptmann von Köpenick**. Viele kennen ihn aus dem Film mit Heinz Rühmann. Aber es gab ihn wirklich: der kleine Schuster, der sich im Kostümverleih mit einer Uniform ausstattet und sich vom beeindruckten Personal der Stadtverwaltung (bis 1920 war Köpenick selbständig) die Stadtkasse aushändigen ließ. Der kleine Schuster steht in Bronze an der Rathaustür rechts und ist eines der beliebtesten Fotomotive der Region. Auch eine kleine Ausstellung im 1. Obergeschoss des Rathauses erinnert an den Hauptmann.

Der Hauptmann von Köpenick an der Rathaustreppe

Historisch bedeutsamer ist natürlich das barocke **2 Schloss**. Es wurde 1682 im Stil des holländischen Barock errichtet. Heute ist es ein wichtiges **Museum** mit dem Tafelsilber der preußischen Könige. Im Wappensaal tagte 1730 das Kriegsgericht Preußens über den jungen Fritz und seinen Freund Katte. Papa Soldatenkönig befahl dem Gericht einfach die Hinrichtung Kattes vor den Augen seines Sohnes. Die brutale Tat wurde in Küstrin (siehe Tour 19) vollzogen.

Wir verlassen die Altstadtinsel Köpenick und folgen nun der Müggelheimer Straße nach Osten. Die Route ist als

*Spreeradweg und R1 ausgeschildert. Mit dem Erreichen das Waldes (**Wegepunkt ❶**) führt uns die Beschilderung auf den ruhigeren Müggelschlößchenweg.*

Das Schloss Köpenick von der Wasserseite

Auf einer spitzen Landzunge erleben wir den Übergang von der Spree zum Müggelsee. Hier wurde ein Tunnel für Fußgänger gebaut, weil man den Bootsverkehr nicht stören wollte. Der **3 Müggelsee** ist über 7 qkm groß, aber recht flach und von daher sehr beliebt zum Baden. Die größten Strände befinden sich auf der sonnigen Nordseite. Da fahren wir aber nicht lang, weil dort mehr Verkehr ist. Wir bleiben auf dem waldigen und autofreien Südufer, aber auch hier gibt es Badestellen. Der größte Strand erwartet uns heute am Kleinen Müggelsee.

Der vordere Uferweg ist nur für Fußgänger, Radler nutzen den asphaltierten Weg etwas weiter oberhalb. Wir passieren zwei Gaststätten mit eigenen Dampferanlegestellen.

*Dann gelangen wir auf die schmale Zufahrt zur Gaststätte Müggelhort, bis uns die Beschilderung rechts an den Kleinen Müggelsee führt (**Wegepunkt ❷**).*

Segelschüler am Müggelsee

Der 3 **Kleine Müggelsee** ist nicht nur viel kleiner als der Große, sondern hat auch einen ganz anderen Charakter. Sein Südufer ist recht steil und sandig. Zwei Drittel des Jahres ist es hier ruhig, aber während der Badesaison und besonders wenn die Partyboote an Hochsommerabenden den See bevölkern, dann ist hier schwer was los.

Die Route führt einsam durch den Wald und dann mit zwei Brücken über die Kanal- und Lindenstraße zum Nordufer des Dämeritzsee. Der Beschilderung des R1 folgend fahren wir links über die Lutherstraße auf die große Fürstenwalder Allee mit ihren schmalen Radwegen. (Unten am Ufer führt nur ein Wanderweg weiter.)

*Am Kreisel vor dem Bahnhof von Erkner (**Wegepunkt ❸**) führt uns die Beschilderung rechts weiter über das Flakenfließ in die lebendige Friedrichstraße. An der nächsten großen Kreuzung verlassen wir den R1 und folgen der Beschilderung des Spreeradweges in die Gerhart-Hauptmann-Straße.*

Wir folgen der Ausschilderung des Spreeradwegs weiter bis an den Fluss in Jägerbude, hier queren wir rechts die Spree und staunen.

Das soll die Spree sein? Da kann man ja fast durchlaufen durch dieses Gewässer. Nun, das ist schnell erklärt. Die Berliner Dimensionen der Spree entstehen durch einen Stau. Hier sehen wir das fließende Gewässer.

*An der anderen Talseite heißt es aufgepasst, wir folgen jetzt nicht mehr der Wegweisung des Spreeradwegs sondern fahren rechts ab (**Wegepunkt ❹**) über Burig und Neu Zittau nach Gosen.*

Dort folgen wir der Eichwalder Straße nach Süden. Wenn die Besiedlung aufhört, wird die Strecke zum sandigen Weg und führt letztlich mittels einer Fußgängerbrücke mit Schieberille über den Oder-Spree-Kanal.

Nach kurzer Fahrt stoßen wir auf die Straße von Wernsdorf nach Schmöckwitz, die auf der linken Seite einen guten breiten Radweg mit Abstand von der Straße hat.

In Schmöckwitz lohnt ein Blick von der Brücke über die Dahme. Das Flüsschen ist hier schon sehr breit und besonders nach Norden seenartig erweitert. Langer See, Große Krampe und Seddinsee bilden drei Finger des Gewässers. Wobei der Seddinsee noch mal wieder erstaunlich viele Wasserwege eröffnet. Denn neben dem neueren Gosener Kanal gibt es noch eine alte Verbindung, den Gosener Graben, die heute noch von Paddlern genutzt wird.

*Ein kurzes Stück folgt der Dahmeradweg dem Adlergestell, weil am Ufer wieder nur ein Wanderweg ist, und biegt dann rechts nach Karolinenhof (**Wegepunkt ❺**) ein. Wir folgen der Dahme am Ufer entlang bis nach Grünau.*

Am Langen See bei der Bammelecke

Von Zeit zu Zeit fährt die **Uferstraßenbahn** über ihr schickes Rasengleis. Einen letzten grünen Pausenplatz mit Bademöglichkeit bietet die **Bammelecke**. Das Wort „Bammel", Angst, kommt aus dem Jiddischen und bedeutet so viel wie, dass die Schiffsführer Angst vor dieser Ecke hatten.

Bei der Weiterfahrt auf der Sportpromenade sehen wir rechterhand viele Ruder- und Paddelclubs. Der **Lange See** war seit Kaisers Zeiten ein beliebtes Wassersportrevier, die **4 Regattastrecke Grünau**. Die Dahme ist im Gegensatz zur Spree eher trüb. Diese Farbunterschiede bestehen seit Jahrhunderten, denn sie stecken schon in den slawischen Namen Dahme für trüb und Spree für spritzig.

*Wir queren in Berlin-Grünau mit der Fähre (**Wegepunkt ❻**) die breite Dahme, wenn wir die Tour nicht schon am nahen S-Bahnhof beenden wollen. Auf der anderen Seite führt uns die Beschilderung des Dahmeradwegs auf den Radwegen entlang der Wendenschloßstraße zurück in die schöne Altstadt von Köpenick und von dort links über die Dahme zurück zu unserem Ausgangspunkt.*

Zum Abschluss bieten sich in Köpenick eine Vielzahl von Einkehrmöglichkeiten an.

Reisemobilstellplätze an oder nahe der Route:

Historisches Fährhaus/ Yachthafen Löber
Müggelbergallee 1,
12557 Berlin

Tour 4

Zitadelle in Berlin-Spandau

55 km

Auf Radfernwegen durch Berlins Norden

Streckentour von Spandau über Frohnau nach Berlin-Mitte

Eine Tour der Kontraste. Von der Großstadt zur Natur und wieder zurück. Spandau ist für sich genommen schon eine eigene Großstadt. Vom Zentrum geht es entlang der Havel, über den Mauerweg und durch ein einsames Naturschutzgebiet direkt ins Herz von Berlin.

Was erwartet mich?

55 km, eine Streckentour meist auf asphaltierten, gut ausgeschilderten Wegen: Havelradweg, Berliner Mauerweg, Radweg Berlin–Usedom.

Wie komm' ich hin?

ÖPNV:

Start: Bahnhof Berlin-Spandau (S-Bahn-Linien S5 und S9; diverse Regionalbahnlinien, U-Bahn-Linie U7)

Ziel: U-Bahnhof Museumsinsel (U-Bahn U5), S-Bahnhof Hackescher Markt (viele S-Bahn-Linien), Bahnhof Berlin Alexanderplatz (viele S-Bahn, Regionalbahn und U-Bahn-Linien).

Was muss ich sehen?

1 **Zitadelle**, Spandau

2 **Grenzturm**, Nieder Neuendorf

3 **Tegeler Fließ**

4 **Museumsinsel** und **Berliner Stadtzentrum**

Wo tank' ich auf?

Jagdhaus Spandau an der Bürgerablage
Nieder Neuendorfer Allee, Berlin-Spandau

Landhaus Heiligensee
Ruppiner Chaussee, Berlin Reinickendorf

Trattoria Dolce Vita
Dannenwalder Weg, Berlin Reinickendorf

Café Frau Krüger
Am Mauerpark, Berlin Prenzlauerberg

Oderquelle
Oderberger Straße, Berlin Prenzlauer Berg

Kartentipp: **ADFC Regionalkarte Berlin und Umgebung**

Tour 4

Tourstart

Wir starten am Bahnhof Berlin-Spandau, überqueren den breiten Altstädter Ring zum Stabholzgarten und rechts zum Ufer der Havel mit dem Havelradweg. Diesen folgen wir Richtung Norden vorbei an der Spandauer Altstadt. Unter der Straße über die Havel „Am Juliusturm" gelangen wir zum Kolk, gegenüber der Zitadelle.

Tipp: Diese Tour lässt sich auch als Rundtour gestalten (dann insgesamt 72 km lang). Vom Alexanderplatz in Berlin folgt man einfach dem ausgeschilderten Radweg Berlin–Kopenhagen und trifft im Norden von Spandau auf die hier beschriebene Route.

Spandau ist, genau wie Köpenick im Osten der Stadt, stolz darauf, älter zu sein als Berlin. Anfang des 20. Jahrhunderts sträubte man sich heftig gegen die Eingemeindung. „Es schütze uns des Kaisers Hand vor Groß-Berlin und Zweckverband" hieß es. Doch 1920 wurden Spandau und viele andere Orte Teil Berlins. Die Fläche der Stadt wuchs damals an einem Tag auf mehr als das dreizehnfache. Dabei ist es übrigens bis heute geblieben. Seitdem gab es nur noch kosmetische Änderungen an den Grenzen zwischen Berlin und dem Umland.

Nikolaikirche in Spandau

Die **Spandauer Altstadt** liegt auf einer Insel zwischen Havel und Mühlengraben. Von der alten Wohnbebauung wurde viel im Zweiten Weltkrieg zerstört, spätere Sanierungen taten ihr Übriges. Sehenswert ist vor allem die **gotische Nikolaikirche**.

Wir unterqueren die breite Juliusturmbrücke. Der **Kolk** lohnt sich mit seiner geschlossenen alten Bebauung, ein Großteil der Häuser stammt aus dem 18. Jahrhundert. Auch ein Stück der alten Stadtmauer ist erhalten geblieben.

Die wohl größte Sehenswürdigkeit Spandaus sehen wir am anderen Havelufer, die **1 Zitadelle**. Wenn wir sie besichtigen wollen, kommen wir über die Juliusturmbrücke dorthin, ggf. ein Stück auf der falschen Seite schieben. Die Zitadelle ist ein quadratischer Bau auf einer Insel mit vier spitzen Bastionen in der Ecke, im Kern aus der Zeit um 1600. Der Juliusturm stammt aus dem 13. Jahrhundert als Teil einer mittelalterlichen Burg. Vermutlich ist er das älteste erhaltene Bauwerk Berlins, auf jeden Fall der älteste Profanbau. In der Zitadelle ist heute ein Museum zur Spandauer Stadtgeschichte eingerichtet, im Sommer finden regelmäßig Konzerte statt.

*Wir bleiben auf dem Havelradweg. Am Ende des Maselakeparks (**Wegepunkt ❶**) stößt von*

Havelstrand an der Bürgerablage

*rechts der Radweg Berlin–Kopenhagen zu uns, dem wir nach links folgen. Beide Wege sind fortan gemeinsam beschildert. Wir fahren etwas kurvenreich mal direkt an der Havel, mal etwas weiter weg. An der Bürgerablage (**Wegepunkt ❷**) kurz vor der Stadtgrenze stößt von links der Berliner Mauerweg zu uns.*

An der **Bürgerablage** gibt es ein Stück Strand und eine Ausflugsgaststätte. Ein Schild macht auf zwei nahe Kleingartenkolonien, Erlengrund und Fichtewiese, aufmerksam. Diese gehörten zu West-Berlin, ein schmaler Streifen dazwischen aber zur DDR. Die Gartenpächter mussten sich bei den DDR-Grenzern anmelden, um zu ihren Gärten zu gelangen. 1988 kam bei einem Gebietsaustausch der schmale Streifen zu West-Berlin, so dass alles dann „normal" wurde.

Ehemaliger Grenzturm Nieder Neuendorf

*Die Beschilderung von Havelradweg, Berliner Mauerweg und Radweg Berlin–Kopenhagen führt uns meistens dicht an der Havel über Papenberge, Nieder Neuendorf zum **Knotenpunkt 16** vorbei an einem großen Werksgelände nach Hennigsdorf (**Knotenpunkt 15** und **13**).*

Viele Spuren der deutschen Teilung finden wir auf dem Weg in **Nieder Neuendorf**. Hier gibt es einen der wenigen verbliebenen **2 DDR-Grenztürme** mit einer Ausstellung zur Geschichte der Mauer. Der Havelkanal, den wir im Ort überqueren, wurde Anfang der 1950er Jahre angelegt, um West-Berlin zu umfahren. An der Havel wiederum gibt es im Wasser baumbestandene Inseln, auf denen Vögel nisten. Wenn wir genau hinsehen, merken wir, dass das gar keine richtigen Inseln sind.

Früher wurde am Tegeler Fließ Torf abgebaut

Hier hatte die DDR alte Schiffe versenkt, um Fluchtmöglichkeiten übers Wasser zu stoppen.

Hennigsdorf ist eine wichtige Industriestadt. Früher gab es hier ein großes Stahlwerk; bis heute werden Eisenbahnfahrzeuge hier gebaut. Wir sehen sie bei der Vorbeifahrt durch den Ort.

Auf der anderen Seite des Oder-Havel-Kanals trennen wir uns beim ***Knoten*** *14 vom Havelradweg und bleiben auf dem Berliner Mauerweg. Dieser folgt der Ruppiner Chaussee in Richtung Stadtgrenze und biegt nach Osten in den Wald ab. Um den Berliner Ortsteil Frohnau herum geht es erst nach Norden und am* ***Knoten*** *82 in Hohen Neuendorf nach rechts.*

Im äußersten Norden von West-Berlin liegt die **Invalidensiedlung**. Wenn wir aus Berlin-Mitte die Invalidenstraße am Hauptbahnhof kennen: beides hängt zusammen. Die Wohnungen für Kriegsversehrte wurden 1937 aus der Innenstadt an den Stadtrand verlegt.

An der Nordostecke von Frohnau liegt im Wald ein kleiner idyllischer See. Der um die Wende zum 20. Jahrhundert angelegte Ort sollte bis dorthin wachsen, wir können in den Wäldern Spuren bereits angelegter Stra-

ßen finden. Der 1915 verabschiedete Dauerwaldvertrag verhinderte die Bebauung und schützt die Berliner Wälder bis heute.

*Wir folgen dem Berliner Mauerweg wieder nach Süden zum **Knoten** 51 (die Knotenpunktwegweisung ist an der Landesgrenze etwas spärlich), ein kurzes Stück später an der Veltheimer Straße links und weiter nach Osten in Richtung Schildow. Immer der Beschilderung des Mauerwegs folgend fahren wir am Köppchensee vorbei wieder nach Süden.*

Direkt an der Stadtgrenze: eine völlige Naturidylle! Das 3 **Tegeler Fließ** (zunächst rechts) bildet ein naturgeschütztes Feuchtgebiet mit vielen seltenen Tieren und Pflanzen. Wunderschön ist auch der **Köppchensee** (links, nachdem der Weg bei Schildow nach rechts abgebogen ist), ein alter Torfstich. Es scheint unvorstellbar, dass wir hier am Rand der größten Stadt Deutschlands sind!

*Immer weiter auf dem Mauerweg. Vorbei an Blankenfelde (links), der Hochhaussiedlung Märkisches Viertel (rechts), Rosenthal (links), an der Überführung der S-Bahn über die Heinz-Brandt-Straße nach links und entlang der S-Bahn vorbei an den Bahnhöfen Wilhelmsruh und Schönholz. An der Kreuzung mit der Wilhelm-Kuhr-Straße verlassen wir den Mauerweg und fahren geradeaus durch die Schulzestraße und Brehmestraße. An der Linkskurve (**Wegepunkt** 3) rechts durch das „Nasse Dreieck" zum Radweg parallel zu den Gleisen, links über die Bahnschienen und wieder rechts zum Bahnhof Bornholmer Straße (**Wegepunkt** 4). Ab hier begleitet uns auch der Radweg Berlin–Usedom.*

Einen geschichtsträchtigen Ort erleben wir in Höhe des Bahnhofs Bornholmer Straße. Auf der Straße über uns ist der Ort, wo am 9. November 1989 zuerst die Berliner Mauer geöffnet wurde. Besonders schön ist es hier unten im Frühling, wenn die Zierkirschen blühen. In den

Reisemobilstellplätze an oder nahe der Route:

Wohnmobil-Oase
Berlin-Wedding, Hochstraße (etwa 1 km von der Route)

Hotel & City Camping Berlin Nord
Berlin-Haselhorst (etwa 2 km von Spandau)

1990er Jahren stiftete sie ein japanischer Fernsehsender. Eine noch imposantere Allee befindet sich am „**Japaneck**" im Mauerstreifen im Süden Berlins in der Nähe des Bahnhofs Lichterfelde Süd.

Wir steigen auf, kreuzen die Behmstraßenbrücke und fahren über den Schwedter Steg hinunter in den Mauerpark.

Am **Schwedter Steg** hat man einen wunderbaren Blick in Richtung Innenstadt mit dem Fernsehturm und auf viele Gleisanlagen in der Nähe. Auch der **Mauerpark**, den wir gleich durchqueren, war bis in die 1980er Jahre ein Güterbahnhof. Unterwegs passieren wir den Gleimtunnel, eine imposante Unterführung unter den früheren Gleisen. Der Mauerpark ist sehr gut besucht, bitte vorsichtig fahren!

*An der Kreuzung mit der Bernauer und Eberswalder Straße (**Wegepunkt ❺**) trennen wir uns vom Mauerweg und folgen dem Radweg Berlin–Usedom geradeaus über die Schwedter Straße, rechts Schönhauser Allee, die Alte Schönhauser Straße sowie links-rechts die Max-Beer- und Rochstraße zu unserem Ziel, der Museumsinsel.*

Unser Ziel ist der **Lustgarten** auf der Berliner **4 Museumsinsel**. Der Radweg Berlin–Usedom hat hier seinen Ausgangspunkt. Das ist uralte Tradition: der Schloßplatz hier war Ausgangspunkt der Kilometrierung der von Berlin ausgehenden Fernstraßen.

Es würde den Rahmen dieses Buches bei weitem sprengen, alle Sehenswürdigkeiten der Umgebung zu beschreiben. Wir stehen auf der Museumsinsel, die zum UNESCO-Welterbe zählt. Vor uns das 2021 eröffnete **Humboldt-Forum**, das nach heftigen kontroversen Debatten unter Anlehnung an die äußeren Formen des alten Berliner Schlosses an dessen früherem Standort erbaut wurde. Links von uns der **Berliner Dom**, ein monumentaler Bau aus der Zeit um die Wende zum 20. Jahrhundert. Rechts beginnt die Straße **Unter den Linden**, einst eine Prachtstraße der Kaiserzeit mit Staatsoper, Neuer Wache und Humboldt-Universität. Links führt die Karl-Liebknecht-Straße zur gotischen **Marienkirche** zum **Fernsehturm** und zum **Alexanderplatz**. Vieles gibt es hier zu entdecken!

Schloßbrücke mit Dom und Humboldtforum

Karnickelwerder wurde zur Pfaueninsel

Der Große Wannsee

Rundtour um Wannsee und Potsdam

Diese Runde führt um den Wannsee und längs der Pfaueninsel auf meist autofreien und somit teilweise nicht asphaltierten Wanderwegen. Wir durchfahren den Neuen Garten mit dem berühmten Schloss Cecilienhof und genießen eine kurze Fahrt mit der Fähre.

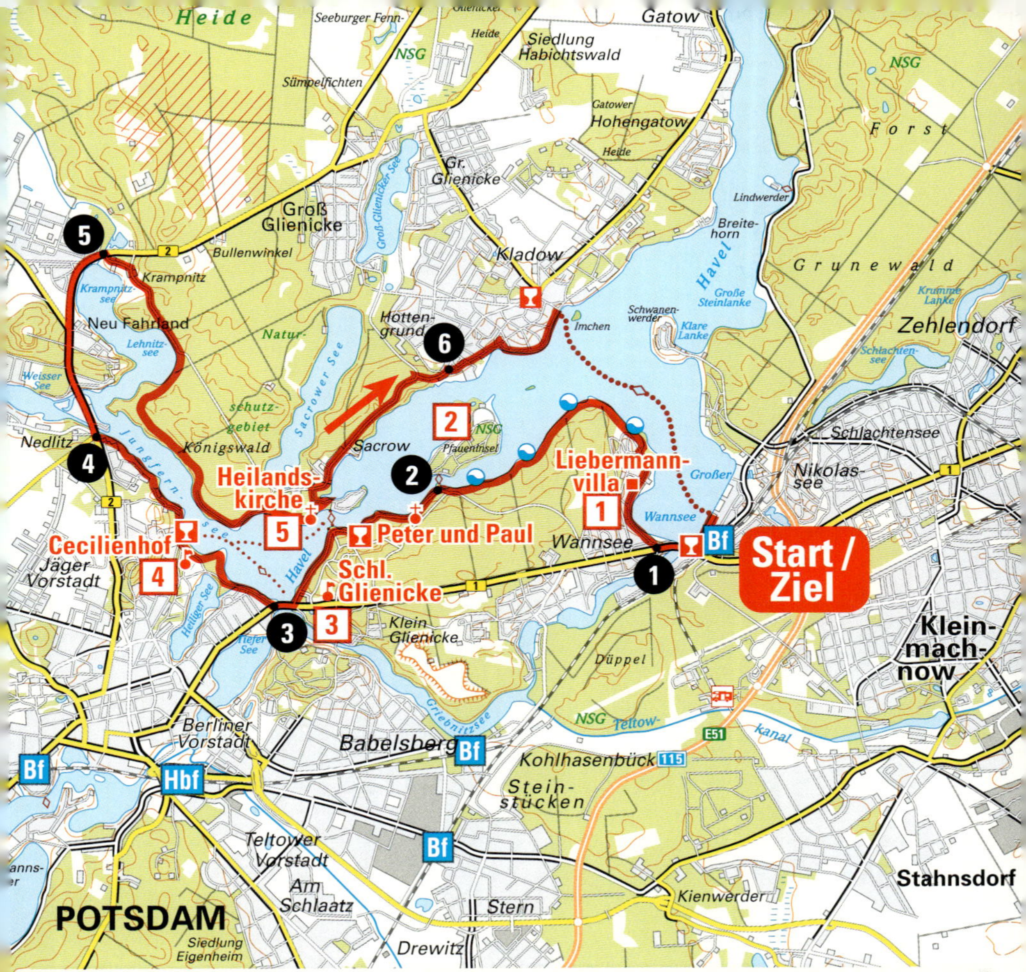

Was erwartet mich?

30 km (+ 5 km mit der Fähre), eine ebene Tour ohne Anstiege und Gefälle auf Uferwegen und Parkwegen mit vielen Fußgängern aber wenig Autoverkehr.

Wie komm' ich hin?

ÖPNV: Bf. Wannsee mit R- und S-Bahn

Mit dem Auto: A115, Abfahrt Kreuz Zehlendorf, Potsdamer Chaussee, rechts Kronprinzessinenweg

Was muss ich sehen?

1. **Haus Liebermann**, Wannsee
2. **Pfaueninsel**
3. **Schloss Glienicke**
4. **Neuer Garten mit Cecilienhof**, Potsdam
5. **Heilandskirche** am Port zu Sacrow

Wo tank' ich auf?

Wirtshaus Moorlake
Berlin

Meierei im Neuen Garten
Potsdam

Zum Dorfkrug
Kladow

Loretta am Wannsee
Berlin-Wannsee

Kartentipp: **ADFC Regionalkarte Potsdam/Havelland**

Tour 5

Tourstart

Tipp: Eine BVG-Tageskarte wg. Anfahrt und Fähre ist überlegenswert!

Wenn wir mit dem Zug im Bahnhof Wannsee ankommen, können wir gleich den Tunnel bis zum nördlichen Ausgang (Fahrstuhl) nehmen. Wir folgen dann der Beschilderung des Europaradwegs R1 nach links und fahren rechts über die Brücke zwischen den Seen. Dann verlassen wir am ***Wegepunkt*** ❶ *den R1 nach rechts und orientieren uns nach der etwas kleiner ausgeschilderten Wannseeroute i n die Straße am Großen Wannsee.*

Liebermannvilla

Nach kurzer Fahrt erreichen wir die wunderschön am Ufer gelegene 1 **Liebermannvilla**, die unbedingt eine Besichtigung lohnt.

*Wir umrunden den nördlichen Teil der Insel Wannsee, verlassen damit den eigentlichen Wannsee und fahren am östlichen Havelufer südwärts zur Glienicker Brücke. Unterwegs gesellen sich an der Pfaueninsel (****Wegepunkt*** ❷*) die besser ausgeschilderten Radrouten (R1 und Berliner Mauerweg) zu uns.*

Dabei passieren wir die eine oder andere Badestellen. Aber ACHTUNG: der sich hier meistens erstreckende Schilfgürtel gilt es unbedingt zu schonen, er ist Kinderstube, Futterplatz und Schlafzimmer vieler Wasservögel.

Schloss Pfaueninsel

Die 2 **Pfaueninsel** mit ihrer wunderbaren Parklandschaft ist mit einer Fähre zu erreichen. König Friedrich Wilhelm II. machte seiner Mätresse die Insel zum Geschenk.

Wir durchradeln Preußens Arkadien, also keine eintönigen Kiefernwälder, sondern Eichen, Buchen und Exoten und dazwischen immer wieder Freiflächen, Ausblicke, künstliche Schluchten mit künstlich ruinösen Brückchen etc.

Im Nordosten starten wir mit russischer Seele: der russischen anmutenden **Kuppelkirche Peter und Paul**, die alle volle Stunde ihr reizvolles Glockenspiel über den See tönen lässt. Daneben steht ebenso vom Uferweg nur ohne Fahrrad zu erklimmen die **Höhengaststätte**

Glienicker Brücke

Nikolskoe. Eigentlich „Nikolskoje" gesprochen aber der Berliner sagt „NikolsKö". Das Gebäude ist original von 1819. Denkmalschutz und Feuerwehr stritten sich Jahrzehnte über die Türen, bis der Eigentümer zwei (!) Türen einbauen ließ: die innere Tür geht nach innen auf – wie der Denkmalschutz es forderte – und die äußere Tür geht nach außen auf – wie der Brandschutz es forderte.

Höhepunkt der nächsten landschaftlich reizvollen Etappe ist das in einer tiefen romantischen Bucht gelegene **Wirtshaus Moorlake**, im Stil eines alten Schweizer Hauses. Damit der Übergang nach Italien nicht der Dramatik entbehrt, wurde die Rinne als Teufelsschlucht mit einer halben Brücke gestaltet. So etwas gefiel den Nazis nicht - sie komplettierten die Brücke. Das gefiel den gebildeten Berlinern nach dem Krieg nicht und sie bauten die Brücke zurück. Der Rückbau war kaum abgeschlossen, da kam ein kräftiges Gewitter und riss die Kunst entzwei. Endlich war aus der künstlichen Ruine eine echte geworden. Nun ist es aber wirklich Zeit unsere Sehnsucht nach dem Süden zu stillen und wir erreichen das Kleinod **Glienicke**: Matrosenhaus, Klosterhof, Casino, **3 Schloss Glienicke**, Kleine und Große Neugierde, das Jagdschloss auf der anderen Straßenseite: alles atmet den Geist der Antike.

Schloss Glienicke

Wir erreichen die berühmte Glienicker Brücke. Achtung, es gibt den Berliner Mauerweg hier gleich zweimal. Die ursprüngliche Variante führt von der Glienicker Brücke über die Wannseefähre nach Kladow. Jahre später baute auch die Stadt Potsdam einen Berliner Mauerweg auf

*ihrer Seite. Es mag irritieren, wenn man an der Glienicker Brücke auf Wegweiser stößt, wonach der Berliner Mauerweg in drei Richtungen verläuft. Wir jedenfalls überqueren die Brücke und halten uns mit der Beschilderung des Mauerwegs nach rechts (**Wegepunkt ❸**) am westlichen Havelufer.*

Heilandskirche in Sacrow

Die heutige **Glienicker Brücke** ist eine vereinfachte Rekonstruktion der von den Nazis gesprengten Brücke aus Originalteilen. Zu DDR-Zeiten war die Brücke gesperrt und wurde nur zum Austausch von Spionen genutzt. Heute genießen wir den Blick zu beiden Seiten auf die seenartig erweiterte Havel. Es ist traumhaft und darüber wacht sogar die UNESCO.

Wir passieren eine weitere schöne Ausflugsgaststätte an der Matrosenstation und erreichen das Tor des 4 **Neuen Gartens**. Die Fortsetzung unseres Weges ist eine Promenade, auf der rücksichtsvolles Radeln erlaubt ist. Wir radeln über eine Landzunge, rechts ist die Havel und links der Heilige See mit einer FKK-Badestelle.

Schloss Cecilienhof

Wir radeln weiter am Havelufer bis wir an der beliebten Brauereigaststätte „Meierei" den Park wieder verlassen.

Gegen Ausgang des Parks passieren wir linkerhand das berühmte **Schloss Cecilienhof**. Hier fand nach dem Krieg die wichtige Potsdamer Konferenz der Westalliierten statt, in denen die (Auf-)Teilung Deutschlands beschlossen wurde.

Weiteres zu den Schlössern und Parks finden Sie im **Ortsporträt Potsdam** (s. Seiten 48-51).

*Nun radeln wir die ganze Zeit am Westufer des Jungfernsees weiter bis die B2 nach Norden führt (**Wegepunkt ❹**). Dieser folgen wir auf dem separaten Radweg. Wir überwinden einen Hügel, passieren eine Baumschule und den Krampnitzsee. An dessen Nordspitze führt uns die Beschilderung des Mauerwegs wieder nach rechts (**Wegepunkt ❺**) und wir haben den Verkehr hinter uns.*

Hinter dem nächsten Hügel liegt rechts der Lehnitzsee und wir fahren auch bei diesem am Ende wieder mit der Beschilderung des Mauerwegs weiter. Damit gelangen wir ans Ostufer des Jungfernsees und folgen diesem bis zur ***Sacrower Heilandskirche****.*

Fähranleger in Kladow

Die 5 **Sacrower Heilandskirche** liegt wie ein Schiff am Wasser, ein unglaublich schöner Anblick. 1835 hat König Friedrich Wilhelm IV. - dessen Architekturen wir rund um Potsdam häufiger begegnen – seine Skizze so beschriftet: „Kirche im italienischen Stil mit einem Campanile daneben". Der Glockenturm steht also extra. Der fromme Mann, der immer nur „sacro" schrieb, weil ihm das lateinische wohl näher lag als das slawische „sacrow", ließ sich gerne mit einer italienischen Gondel vorfahren. Am Ufer vis a vis befahl er Pappeln zu pflanzen, so dass es aus der Ferne aussah wie Zypressen. Das Dorf Sacrow ließ er kurzerhand verlegen, die Bewohner störten ihn in seinen Träumen. In der Zeit der Berliner Mauer lag die Kirche im Todesstreifen, zwischen der Mauer und der eigentlichen Grenze. Niemand, bis auf ein paar Grenzposten, konnten zu ihr.

*Der weitere Weg von Sacrow nach Kladow führt uns auf einem schmalen Sträßchen, das auch für Autos zugelassen ist, durch den Wald. Kurz vor der Stadtgrenze stoßen wieder die Berliner und die Potsdamer Variante des Mauerwegs zusammen. Wir wählen den rechten nach Kladow. Ein Stück weiter führt uns der Mauerweg rechts ab (****Wegepunkt*** *❻) zum Havelufer.*

In Kladow erwartet uns die große, extra für Räder umgebaute, **BVG-Fähre** über den Wannsee. Linkerhand sehen wir die Berliner Insel der Schönen und Reichen: Schwanenwerder. Bis zur Nazizeit war die „Inselstraße" von **Schwanenwerder** die reichste Straße im Spiel Monopoly. Das hat Goebbels sofort ändern lassen, als er selber da wohnte.

Vom Fähranleger in Wannsee ist es (eigentlich) nur ein Katzensprung wieder hoch zum Bahnhof, unserem Ausgangspunkt.

Auf halbem Weg aber liegt der riesige **Biergarten** des **Wirtshauses Loretta**, es kann also doch dauern.

Reisemobilstellplätze an oder nahe der Route:

Camping Süd
Bäkehang 9 A,
Kleinmachnow

Ortsporträt

Potsdams Schlösser und Gärten

Potsdam ist mehr als Sanssouci, aber natürlich fangen wir damit an: Als der Alte Fritz (Friedrich der Große) noch ein junger Fritz war, liebte er die Muse und den Süden. Er spielte auf seiner Flöte und ließ, als er endlich König wurde, einen Weinberg in Potsdam bauen, klug ausgewählt auf der Sonnenseite eines Hügels. Er befragte Mönche und holte sich Spezialisten und ließ von einem guten Architekten ein kleines Sommerschloss auf die Kuppe des Berges bauen.

Der Neue Garten

Die Skizze lieferte er selber, der Architekt wunderte sich und fragte: die Fenster so tief und kein Sockel? Der König wollte es so: Die weiten Fenster ließen viel Licht herein und waren so tief geschnitten, damit Fritzchens Hunde raus und rein springen konnten, wann immer ihnen danach war. Und der König ließ sie gewähren, denn ihm waren zum Zeitvertreib keine Kinder beschert. Ein Rondell mit einer Fontäne und allerlei Tempelchen verschönern den Park, mit **Charlottenhof** und dem **Neuen Palais** kamen weitere Schlösser hinzu. Wie in einem Traum erscheint zwischen den Büschen das **Chinesische Teehaus** mit seinen vergoldeten Figuren. Und das Gartenensemble wurde vollkommen: der Wein und sogar Südfrüchte gediehen und Friedrich war darin glücklich. Er nannte den ganzen Park Sanssouci, also Sorgenfrei.

Und als er zu sterben begann, äußerte er den Wunsch, am oberen Eck des Weinbergs, wo die Sonne am Ende des Tages am längsten noch verweilt, zur Ruhe gebettet zu werden – zusammen mit seinen Hunden, wenn sie denn auch soweit sind. Dahin kam er aber erst über 200 Jahre später. Sein Neffe und Nachfolger Friedrich Wilhelm II. ließ ihn stattdessen in der Garnisonskirche bestatten.

Friedrich Wilhelm II. machte sich auf, Potsdam weiter zu verschönern und schuf als Kontrast zum alten Park den **„Neuen Garten"**. Er hatte viele Frauen – und einer Mätresse machte er die Pfaueninsel zum Geschenk und die Frau zur Gräfin. Die Frau hieß Wilhelmine Enke und wurde zur Gräfin Lichtenau. Diese beriet ihn in Geschmacksfragen und so wurde auch dieser Park und das **Marmorpalais** ein hübscher Ort. Der König führte aber ein ungesundes, wollüstiges Leben und verstarb bald – und die Mätresse kam in den Kerker. Es kam die Französische Revolution und mit ihr im Gefolge Napoleon – und Preußen darbte.

Nachdem wieder einige Jahre vergangen waren, und sich Preußen aufmachte, wieder mächtig zu werden, wird ein dritter großer Park gestaltet: **Babelsberg**.

Schloss Sanssouci

Während die anderen Parks die Handschrift des „königlichen Buddelpeters" Joseph Peter Lenné tragen, ist der Schöpfer des „Bergparks" in Babelsberg ein anderer berühmter Gartenbauer, Fürst Pückler. Dieser beeindruckt mit verkleideten Dampfmaschinen, die Wasserspiele von ungeahnten Ausmaßen in der Mark ermöglichen. Die Behausung für die Dampfmaschine des Neuen Gartens ist heute die Ausflugsgaststätte Meierei. Die Umhüllung der Dampfmaschine für Babelsberg ist von 1845 von Persius und sieht aus wie eine Burg am Rhein und die für Sanssouci gar wie eine Moschee, auch von Persius, aber schon von 1841.

Es ist auffällig, dass vor der Mitte des Jahrhunderts, als Dampfmaschinen noch gar nicht so erprobt waren, bereits drei solche am Havelufer alleine fürs königliche Vergnügen in Potsdam liefen. Die Pumpe für Sanssouci wurde von Borsig gebaut, mit 80 PS war sie seinerzeit die stärkste in Deutschland. Für die Ausschmückung des Pumpenraums orientierte man sich an der Moschee von Cordoba.

Die Straßenbahn passt grade so durch das Nauener Tor von Potsdam

Nun kommen wir in die Stadt: Wie so oft haben wir hier **Stadttore**, sogar ein **Brandenburger Tor** gibt es. Aber wie sehen die denn aus – ganz luftig und dekorativ.

Potsdam wächst erst im 18. Jh. so richtig heran. Zu dieser Zeit haben die Tore hauptsächlich Schmuckfunktion, aber sie helfen auch, das Desertieren der Soldaten zu verhindern. Denn die Residenz stützt sich zwar zur Sicherheit auf Soldaten, hat aber kein Geld für Kasernen. Die Unterbringung der Soldaten ist Sache der Bürger, die sich hier ansiedeln wollen. Preußen war sparsam. Aber Preußen war auch tolerant in Religionsfragen.

Die meisten kennen den letzten Teil des Spruchs „... denn hier soll jeder nach seiner Façon selig werden". Diese Toleranz war übrigens von oben verordnet – aus merkantilen Interessen. So wie die Bürger ihre Wohnungen möbliert haben, so musste Preußen seine Mark „pöblieren", also Pöbel/Volk ins Land holen. 1648, nach dem Dreißigjährigen Krieg, hatte Potsdam nur 700 Bürger und kaum feste intakte Steinhäuser. Mit dem Kaff war kein Staat zu machen, deswegen wird 1685 mit dem Edikt von Potsdam die Religionsfreiheit verkündet und die Hugenotten aufgenommen. Den neuen Einwohnern wurden Baugrundstücke zugeteilt, Baumaterial gab es kostenlos. In Potsdam gab es plötzlich einen „Fassadenzwang" zur Gestaltung der Gebäude, und die Eingeborenen wussten nicht, was es bedeutet, sie wussten nicht wie Ihnen geschah. Das einfache Volk wurde überrumpelt von einer neuen Kultur, die an der Spitze der Gesellschaft anerkannt war. Es kam eine neue Esskultur, Weinkultur, Architektur. Preußen blühte auf, es wurde ein neues Land. Es war nur noch der fein, wer sich Bouletten rollte, Tapeten klebte, Karotten aß, Wein aus Gläsern trank und französisch sprach. In der Stadt wird eine **Orangerie** gebaut, das Haus wurde in DDR-Tagen zum **Filmmuseum** der Stadt Potsdam.

Filmmuseum der Stadt Potsdam

Aus der Schweiz kamen auch Einwanderer und brachten wieder andere Dinge mit, 1738 baut der Schweizer Samuel Schock eine Tabakmanufaktur auf. Nun tauchte ein neues Problem auf: die Kähne mussten mehr transportieren. Und da der Fluss zu flach war, musste er höher gestaut werden. Dadurch bekam Potsdam nasse Füße. Auch hier halfen wieder Bauleute von außerhalb. Holländer kamen ins Land, schufen ein Bassin und einen Kanal und halfen, Häuser ohne Keller zu bauen, so wie sie es zuhause gelernt hatten. Und um 1740 entstand das schöne **Holländerviertel**. 1750 baute man am Bassin die Französische Kirche. Und schon 1738 wurde ein Salon im Militär-Waisenhaus als Moschee zur Verfügung gestellt, wohl erstmals auf deutschem Boden. Einwanderung und Einbindung der Einwanderer war ein Prozess, der über Jahrzehnte erfolgreich gefördert wurde.

Schiffsanleger am Landtag

Über 80 Jahre lang wurde um 1700 das alte **Stadtschloss** errichtet, das im Zweiten Weltkrieg zerstört wurde. Heute dient es, neu errichtet, als **Landtag**.

Ein anderer Ort entwickelte sich ab 1750 auf der Südseite des Flusses im heutigen Babelsberg. Neben dem deutschen Dorf **Neuendorf** entstand die Siedlung **Nowawes**. „Nova Ves" ist tschechisch und heißt auch nur „neues Dorf". Hier wurden unter Friedrich dem Großen böhmische Weber angesiedelt und ihnen wird die Seidenzucht und Spinnerei beigebracht. Es gab keinen Fassadenzwang, hier war man froh, wenn man ein Dach überm Kopf hatte. Eine Reihe dieser kleinen **Weberhäuser** geben dem Ort heute noch ein besonderes Flair. Erst 1938 wurde die Stadt mit damals über 30.000 Einwohnern nach Potsdam eingemeindet.

Zichorienmühle in Potsdam

Babelsberg, wie der Ort später genannt wurde, entwickelte sich zu einer Filmstadt. Die Filmstudios waren mit die ältesten der Welt und die größten in Europa. Alles was ich über das Filmemachen wissen musste, habe ich in Babelsberg gelernt, sagte Alfred Hitchcock.

Ein irre preußische Besonderheit ist die **Zichorienmühle** in der **Schiffbauergasse**. Ende des 18. Jh. wurde sie errichtet, um den Menschen Kaffee-Ersatz (französisch: Mocca-Faux oder eingedeutscht: Muckefuck) schmackhaft zu machen. Nicht mehr kriegstaugliche Soldaten wurden abkommandiert, um durch die Straßen zu schlendern und Kaffee zu schnüffeln. Die Bürger sollten keinen teuren Importkaffee trinken, aber das war den inzwischen feiner gewordenen Potsdamern zu doof. Schon 1813 musste der Betrieb wieder eingestellt werden.

Wir raten Ihnen, sich mindestens einen ganzen Tag nur für diese Stadt Zeit zu nehmen, es lohnt. Denn es gäbe noch so viel mehr zu sehen.

Tour 6

35 km

Die Runde um den Schwielowsee

Schwielowsee

Rundtour von Potsdam über Caputh, Ferch und Schwielowsee

Diese Potsdamer „Hausrunde" führt um drei Seen herum und bietet sechs Schlösser, darunter das weltberühmte Weinbergschloss Sanssouci. Sie ist recht kurz und somit für viele eine ideale Runde. Gerade an Sommersonntagen ist sie relativ beliebt.

Was erwartet mich?

35 km, meist auf Radwegen, die neben einer Straße verlaufen. Diese Strecke zeigt Schlösser und Parks und hat Dutzende Einkehrmöglichkeiten. Diese Route ist ganz leicht und als lokale Route „F1" ausgeschildert – sie folgt im Wesentlichen den Ufern der Havel.

Wie komm' ich hin?

ÖPNV: Mit der S7 oder dem RE 1 ist man schnell von Berlin in Potsdam.

Mit dem Auto: A115, Ausfahrt Potsdam-Babelsberg, Richtung Potsdam, vor den Bahnschienen links in die Friedrich-Engels-Straße, am Hauptbahnhof gibt es ein großes Parkhaus.

Was muss ich sehen?

1 **Schloss Caputh**
2 **Fachwerkkirche Ferch**
3 **Schlosspark Petzow**
4 ehem. **Stadtschloss**, jetzt Landtag

Wo tank' ich auf?

Fährhaus Caputh
An der Fähre Caputh

Zum Schwälbchen
Ferch

Haus am See Mittelbusch
Neue Scheune 19, Ferch

Sanddorn-Garten
Fercher Str. 60, Werder-Petzow

Anna Amalie
Potsdam

L´Osteria
Potsdam

Kartentipp: **ADFC-Regionalkarte Potsdam/Havelland**

Schloss Caputh und Park

Tourstart

Wir starten am Hbf. Potsdam, den wir gut und schnell mit S- und Regionalbahn von Berlin aus erreichen. Im Bahnhof gibt es auch einen Radverleih und Reparaturservice in der Fahrradstation auf der Seite Babelsberger Straße.

*Vom Bahnhof fahren wir rechts über die Friedrich-Engels- und Leipziger Straße und erreichen die alten Speicher am Havelufer, die jetzt zu feinen Wohnungen umgebaut wurden. Am **Wegepunkt** ❶ biegen wir mit der Beschilderung F1 rechts ab. Auf der Templiner Straße durchqueren wir die Templiner Vorstadt, die ihren Namen vom Templiner See ableitet, an dessen Ufer wir dann herrlich schattig auf einem guten Radweg entlang rollen.*

Der **Templiner See** wurde Mitte der 1950er durch einen Bahndamm geteilt. Ungefähr 3 Mio. Kubikmeter Sand wurden für dieses Unternehmen allein hier in den See geschüttet. Es klingt verrückt, aber nur so konnten Potsdamer, ohne West-Berlin zu berühren, auf dem Außenring mit der Bahn nach Ost-Berlin gelangen. Da der Zug in einem großen Kreis um Berlin raste, wurde er von den Potsdamern bald in Erinnerung an die sowjetischen Raumschiffe „Sputnik" genannt.

Caputh (bitte mit langem U aussprechen) ist eine hübsche Ansiedlung am Havelufer mit italienisch anmutender **Kirche** von August Stüler aus dem Jahre 1848.

Italien und überhaupt der Süden rund ums Mittelmeer waren im 19 Jh. Vorbilder für viele feine Architektur des Nordens. Typisch für diese Kirchen der Schinkelschule sind ihre Apsiden mit goldenen Sternen auf blauem Grund.

Älter als die Kirche ist das barocke 1 **Lustschloss** rechterhand. Das Schloss hat im Park direkten Zugang zu Havel. Der erste preußische König pflegte, hierhin Ausflüge per Schiff zu unternehmen. Im Keller des Schlosses befindet sich das größte mit Delfter Fliesen des 17. Jh. ausgekleidete Kabinett Europas.

Viele Touristen versammeln sich am Ufer neben der alten Seilfähre über das Caputher Gmünd. Vermutlich hat hier vor fast 100 Jahren der berühmteste Bewohner Capuths seine Gänge gemacht, denn in einem farblich norwegisch anmutenden aber modernen kubischen Holzhaus mit Blick auf den See arbeitete im Sommer hier der begeisterte Segler, Telefonverweigerer und Erfinder der Relativitätstheorie – also der gekrümmten Raumzeit – **Albert Einstein**. Der Mann wollte hier seine Ruhe haben und nicht von den Berlinern, die oft schon ein Telefon besaßen, gestört werden. Telefonate gingen beim Nachbarn ein. Wenn es mal einen spannenden Anruf gab, gab er Einstein ein Zeichen mit der Trompete. Daraus lernen wir, wer wirklich etwas Kluges machen will, sollte scharfe Filter einbauen, damit er sich konzentrieren kann.

Hoch oben in den Wäldern liegt der von Erich Mendelsohn gebaute **Einsteinturm**. Leider war der Turm aufgrund des Materialmangels nach dem Ersten Weltkrieg nicht komplett aus Stahlbeton errichtet und bröckelte recht bald, so dass Einstein seine Theorie hier nicht mehr belegen konnte, bevor er vor den Nazis fliehen musste.

*Über die Schwielowseestraße verlassen wir Caputh und fahren weiter dem F1 folgend am Ostufer des gleichnamigen Sees nach Ferch am Südzipfel des Sees. Westlich des Strandbads Ferch bleibt der F1 auf einem Weg mit weichem Belag am Ufer (**Wegepunkt** ❷), während die befestigte Straße hoch in den Ort Ferch führt.*

Am Beginn des Ortes Ferch lockt ein **Strandbad** und am Uferweg reihen sich Imbisse und Gaststätten. Wer das **Museum** und die barocke 2 **Fachwerkkirche** sehen möchte, muss einige Höhenmeter bezwingen. In der Kirche gibt es einen prächtigen schwebenden Engel und eine blau bemalte Decke, aber diesmal nicht mit Sternen sondern mit Wolken. Beliebtes Fotomotiv ist eine Wolke, die der anderen auf die Schulter klopft.

Schwebender Engel in der Fachwerkkirche in Ferch

Von Ferch aus fahren wir wieder am Westufer des Schwielowsees nach Norden. Die Strecke entfernt sich jetzt vom Ufer und die Gangschaltung wird gebraucht. Nach einem Drittel der Strecke gesellt sich auch der Europaradweg R1 zu unserem lokalen Radweg F1 Richtung Petzow.

Der Traum eines Ziegeleibesitzers: ein Tudorschloss in einem Park in Petzow

Petzow erfreut uns mit seinem schönen 3 **Landschaftspark** und seiner auf einem Hügel tronenden, kleinen Kirche samt Aussichtsturm. Der Park wurde vom königlichen „Buddelpeter" Peter Joseph Lenné angelegt. Das neogotische Schloss von 1828 darin ist Schinkelschule. Die Besitzer waren keine Adeligen wie so oft, sondern Geldadel, nämlich Ziegeleibesitzer. Lohnend ist ein Besuch der Kirche in Petzow und auch das Besteigen des Kirchturms – aber bitte stoßen Sie sich nicht an der engen Treppe.

Auf unserer Weiterfahrt erreichen wir das sandige Gelände mit Sanddornabbau – der **Sanddorn-Garten** ist immer wieder einen Stopp wert. Herrlich, was man alles aus der kleinen orangenen, sauren Frucht anstellen kann. Das ist eine gesunde Erweiterung der Werderaner Obstweinseligkeit.

Ein Stück weiter leuchtet das weiße Renditeobjekt eines Stasioffiziers, der es nach der Wende ganz nach oben geschafft hatte und zum Hotelier wurde. Hier wurde 2008 der einstige SPD-Vorsitzende Kurt Beck entmachtet.

*In Baumgartenbrück überqueren wir die Havel auf einer hohen Brücke, um sogleich am anderen Ufer (**Wegepunkt** ❸) auf 20% Gefälle entweder herunter zu bremsen oder zu schieben, ja nach Zutrauen zur Technik.*

Unten am Ufer angelangt lockt wieder ein Ausflugsrestaurant mit großem Biergarten.

*Nun folgt ein sehr schöner Abschnitt, eine baumgesäumte Fahrradstraße in Richtung Fähre, die nach Caputh pendelt. Vorher halten wir uns aber kurz links (**Wegepunkt** ❹) und dann wieder rechts immer dem Havelradweg und dem F1 nach Potsdam folgend.*

Reisemobilstellplätze an oder nahe der Route:

Stellplatz am Campingplatz Sanssouci
An der Pirschheide 41, Potsdam

Links reihen sich die **Villen** von Geltow und wenn sich jetzt rechterhand wieder Wasser zeigt, schauen wir auf den Petzinsee, der dritte See auf dieser Runde.

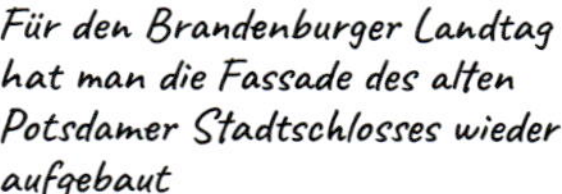

Für den Brandenburger Landtag hat man die Fassade des alten Potsdamer Stadtschlosses wieder aufgebaut

Wir überqueren die Bahnstrecke und durchqueren einen Campingplatz mit einem großen Restaurant.

Danach wird der Uferweg voller und es lässt sich nicht mehr so schnell fahren, weil auch viele Fußgänger unterwegs sind. Dafür finden sich immer wieder Einkehrmöglichkeiten.

Geschichtlich interessant ist noch der **Eisenbahnring**, der den Templiner See in 2 Hälften trennt: An geografisch ungünstiger Stelle schuf die DDR vor dem Mauerbau diesen Außenring, durch den erst die Erreichbarkeit Potsdams ohne Durchquerung Westberlins möglich wurde. Etwa 3 Mio. Kubikmeter Sand waren nötig, um den Damm im See aufzuschütten. Die Potsdamer konnten ab jetzt außen herum über die Nuthewiesen nach Ostberlin reisen. Sie nannten den Zug „Sputnik“, weil er etwas umkreiste, was es gab, aber eben doch so fern war.

Fortunaportal des heutigen Landtags in Potsdam

Zum Schluss führt uns die Wegweisung weg vom Ufer und durch die Breite Straße und die Lange Brücke zum Hauptbahnhof. Der Bahnhof von Potsdam liegt direkt an der Havel und ist gut ausgeschildert. Sowohl S-Bahn als auch Regionalzüge bringen uns schnell zurück nach Berlin.

In der Breiten Straße ist unübersehbar die Baustelle für den Wiederaufbau der von der DDR gesprengten Garnisonkirche von Potsdam. Dann kommt linkerhand der Marsstall, das jetzige **Filmmuseum**, und das **4 Stadtschloss** mit der Aufschrift „ ce ne pas un chateau“ also: das ist kein Schloss! Es ist der von Hasso Plattner initiierte Wiederaufbau, der heute dem Landtag dient. Das ist ganz passend, denn schon der Alte Fritz hatte hier einen Zettelbaum eingerichtet, an dem Bürger ihre Probleme und Wünsche anheften konnten.

Seen um Bernau

Der herbstliche Liepnitzsee

Rundtour von Berlin-Buch über den Liepnitzsee und Bernau

Der Liepnitzsee: die Regierungsbadestelle der DDR. Man hat extra eine Unterführung unter der Landstraße gebaut, damit die Obersten von ihrer Waldsiedlung Wandlitz in den klaren See springen könnten. Ganz nahe an Berlin sehen wir auf dieser Tour lange keine Orte, nur Wälder, Seen und Landschaften. Im letzten Teil fahren wir wieder durch die Zivilisation, über Bernau zurück in den Berliner Norden.

Was erwartet mich?

47 km, häufig autofrei, etwa zur Hälfte auf Asphalt und Naturwegen.

Wie komm' ich hin?

ÖPNV: S-Bahn S2

Mit dem Auto: A 114, Ausfahrt Bucher Straße, Bucher Straße, Wiltbergstraße

Was muss ich sehen?

1 **Waldsiedlung** „Wandlitz"

2 **Altstadt** von Bernau

Wo tank' ich auf?

Cafe Mühle
Mühlenstr., Bernau

Gaststätte Schwarzer Adler
Berliner Str., Bernau

Fischrestaurant Walgreter,
Heinestr., Panketal

Kartentipp: **ADFC-Regionalkarte Berlin u. Umgebung**

Fähre am Liepnitzsee

Tourstart

Wir starten am Bahnhof Berlin-Buch über die Wiltbergstraße in Richtung Westen. Am Waldrand halten wir uns halbrechts und folgen der Beschilderung des „Naturpark Barnim". An der nächsten Straßen-Kreuzung (Pölnitzweg, ***Wegepunkt*** *❶) geht es wieder halbrechts, links in die Schönerlinder Straße (****Wegepunkt*** *❷) und am* ***Knotenpunkt*** *5 nach rechts bis Hobrechtsfelde – dort links zum Gorinsee (****Knoten*** *9).*

Tipp: Auf dem Radweg Berlin-Usedom kann man Berlin-Buch auch direkt aus der Berliner Innenstadt erreichen. Ebenso lässt sich auf ihm die Tour weiter in Richtung Norden fortsetzen.

Hier haben wir einen schönen Kontrast zwischen der großen Stadt Berlin und direkt angrenzend fast unbesiedeltem Land. Während oft die Bebauung Berlins ganz nahtlos in die des kaum dünner besiedelten Speckgürtels übergeht, gibt es einige Gebiete (so wie hier), wo man eine „klare Stadtkante" hat. Wie ist so etwas entstanden? Die Ursache liegt in der Mitte des 19. Jahrhunderts. Der Stadtplaner James Hobrecht entwickelte damals in Zusammenarbeit mit seinem Bruder Arthur, ab 1872 Oberbürgermeister von Berlin, und dem bekannten Arzt Rudolf Virchow das seinerzeit modernste **Entwässerungssystem** der Welt für eine Großstadt. Von **Pumpstationen** in der Stadt wurde das Abwasser über zwölf Radialsysteme an den Stadtrand gepumpt, wo es rund um die Stadt auf den sogenannten Rieselfeldern abgelassen wurde. Das System blieb über hundert

Jahre so in Betrieb und wurde erst nach und nach durch moderne Kläranlagen ersetzt. Natürlich wurden die schadstoffbelasteten Rieselfelder nicht bebaut, aber teilweise landwirtschaftlich genutzt. Heute nimmt man für regulären Ackerbau auch davon Abstand. Entstanden ist nun eine schöne, ruhige Hainlandschaft, die als Europas größte Waldweide genutzt wird. Dazu gibt es überall kleine Kunstwerke zu entdecken. Im Zentrum des Areals liegt ein kleines Dorf, das nach James Hobrecht benannte **Hobrechtsfelde**, ein Stadtgut im Besitz der Stadt Berlin, aber administrativ bis heute nicht zu Berlin gehörend. Die schmalspurige Hobrechtsfelder Wirtschaftsbahn transportierte auf einem Streckennetz von 60 Kilometern Länge landwirtschaftliche Produkte zum Gut und zu den Bahnhöfen der Umgebung. Man findet noch einige Gleisreste im Pflaster des Ortes. Am Übergang zwischen den einstigen Rieselfeldern und ausgedehnten Wäldern liegt der **Gorinsee**, der erste Badesee auf dieser Tour.

*Von **Knoten** 9 geht es auf glatten Waldwegen zu **Knoten** 8 und weiter geradeaus, dem Rechtsbogen der Straße folgen und nach wenigen Metern wieder rechts zu einem Abstecher durch die **Waldsiedlung Wandlitz**. Von der Brandenburgallee treffen wir auf die Bundesstraße und fahren links auf dem straßenbegleitenden Radweg zum **Knoten** 28. Über die **Knoten** 58 und 30 nördlich des Liepnitzsees, geht es – mit einem kurzen Abstecher zum See – nach Ützdorf (**Knoten** 31).*

Im Wald stoßen wir auf einen Waldweg, breit und mit Asphaltresten. Man sieht ihm an, dass er mal eine Straße war. Wir finden Reste von Laternen, rechts verfallene Reste einer Betonmauer. Biegt man dorthin ab, nehmen nach und nach die Zeichen der Zivilisation zu, es kommen einzelne, belanglos aussehende Wohnhäuser aus den 1960er Jahren. Wir sind in der 1 **Waldsiedlung Wandlitz**, oft einfach nur Wandlitz genannt. Der Name täuscht etwas, die Siedlung gehört zu Bernau, der Ort Wandlitz liegt ein Stück weiter. Hier wohnten jahrzehntelang die Politiker der DDR-Staatsführung. Das Areal war perfekt abgeschirmt, im Innenkreis wohnte die Führung, drum herum gab es die Wirtschaftseinrichtungen und Wohnungen des Personals. Die Empörung war 1989/90 groß, als erstmals das Volk mit eigenen Augen die Westarmaturen in den Bädern sah, aus heutiger Sicht alles

Kirche Wandlitz

Schönower Heide beim Gorinsee

sehr durchschnittlich. Das Gelände wird heute von medizinischen Einrichtungen wie Kliniken und Seniorenresidenzen genutzt. Der nahe **Liepnitzsee** ist wunderschön klar und liegt in herrlichen Mischwäldern. Asphaltwege führen um ihn herum, der Belag ist mittlerweile etwas holprig, er stammt noch aus den Zeiten, als die Oberen aus der Waldsiedlung hier badeten. Heute ist er unter Berlinern recht populär. Im Sommer führt eine Fähre auf eine Insel im See mit FKK-Badestrand.

Reisemobilstellplätze an oder nahe der Route:

Campingplatz Zühlsdorfer Mühle
Mühlenstraße, Zühlsdorf (Gemeinde Wandlitz)

*Von Ützdorf (**Knoten 31**) fahren wir weiter auf neuem, glattem, straßenbegleitenden Radweg nach Lanke, in der Linkskurve rechts auf die Biesenthaler Straße und wieder rechts zur Hellmühle am Hellsee. Unser Weg führt weiter geradeaus und kurz vor dem nächsten See links (**Wegepunkt 3**) bis wir auf den Langerönner Weg treffen. Diesem folgen wir rechts parallel zum Radweg Berlin–Usedom nach Lobetal.*

Lobetal wurde 1905 vom Pfarrer Friedrich von Bodelschwingh als christliche Arbeiterkolonie gegründet. Bodelschwingh war sehr aktiv in der Evangelischen Mission und gründete eine Reihe von sozialen Einrichtungen – die Heilanstalten Bethel in Bielefeld dürfte die bekannteste unter ihnen sein. Überregional bekannt wurde Lobetal aber auch im Zusammenhang mit dem Ende der DDR: Erich Honecker, der sein Haus in der Waldsiedlung verlassen musste, kam nach seiner Gefängnisentlassung wegen Haftunfähigkeit für einige Wochen beim Lobetaler Pfarrer Uwe Holmer und seiner Familie unter.

Wir folgen dem Radweg Berlin–Usedom geradeaus weiter nach Bernau, das wir über die ***Knoten*** *63, 62, 61 und 60 durchqueren.*

Hospital St. Georg in Bernau

Bernau ist eine alte Stadt mit fast komplett erhaltener Stadtmauer und einer großen gotischen Kirche. Die 2 **Altstadt** ist interessant, allerdings ist ein Großteil davon zu DDR-Zeiten mit neuen Häusern bebaut worden, die sich aber immerhin in die alten Gebäudeformen einfügen. Am zweiten Juni-Wochenende feiert Bernau das **Hussitenfest**, weil seine Mauern 1432 den Angreifern aus dem Süden standhielt. Die **Marienkirche** beherbergt einen Knüller, einen Altar aus der Schule von Lucas Cranach. Weil damals viele Menschen noch nicht lesen konnten, kann man in dem Altar die halbe Bibel sehen. Die Stadt liegt an einem Flüsschen namens **Panke**. Sie entspringt nordöstlich von Bernau und mündet in der Berliner Innenstadt in die Spree. Bekannt ist vor allem der Berliner Stadtteil Pankow, der seinen Namen vom Fluss hat.

Ein Tipp für Freunde moderner Architektur: etwas außerhalb von Bernau, an der stark befahrenen Straße direkt zum Liepnitzsee (mit Radweg) liegt die **Bundesschule des Allgemeinen Deutschen Gewerkschaftsbunds**. Sie ist das wichtigste brandenburgische Beispiel moderner Bauhausarchitektur, 1930 von Hannes Meyer in Stahlbeton mit Klinkern verblendet. Sie steht zusammen mit mehreren Bauhaussiedlungen in Berlin auf der UNESCO-Welterbeliste.

Bundesschule in Bernau

*Der letzte Abschnitt der Tour bleibt auf dem Radweg Berlin–Usedom und führt über Zepernick (****Knoten*** *67) nach Berlin-Buch zurück zum Bahnhof.*

Wir folgen der Panke wieder über die Berliner Stadtgrenze zurück nach **Berlin-Buch**, dem nördlichsten Teil von Berlin. Bemerkenswert ist die **Schlosskirche**, ein prächtiger barocker Bau, der sich deutlich von den märkischen Feld- oder Backsteinkirchen abhebt. Ihr Turm wurde im Zweiten Weltkrieg zerstört und soll wieder aufgebaut werden. Das zugehörige Schloss wurde 1964 abgerissen, nur der Park blieb erhalten. Der Ortsteil Buch ist ansonsten bekannt als Standort vieler wichtiger medizinischer Einrichtungen.

Tour 8

71 km

Rathenow

Am Unterlauf der Havel

Rundtour von Rathenow über Rhinow und Schollene

Eine Gegend, die stolz darauf ist, „Dunkeldeutschland" genannt zu werden? Hier schon. Im Sternenpark Westhavelland kann man sich einquartieren, um nachts ohne störendes Licht den Himmel zu beobachten. Und tagsüber hat man viel Licht und fast unberührte Natur in den Flussauen, nicht nur im Vogelparadies Gülper See.

Was erwartet mich?

71 km, bis auf die ersten 10 und die letzten 7 Kilometer fast nur abseits von Straßen. Meistens asphaltiert, ansonsten: viel Natur und Ruhe in herrlichen Flussauen und einige sehenswerte Dörfer.

Wie komm' ich hin?

ÖPNV: Bahnhof Rathenow, RE4 aus Richtung Berlin

Auto: Bundesstraße 102 (Nord-Süd) und 188 (Ost-West)

Was muss ich sehen?

1 **Vogelschutzgebiet Gülper See**

2 **Strodehne:** altes Fischerdorf

3 **Garz:** Rundlingsdorf mit achteckiger Kirche

4 **Rathenow:** Altstadt mit Marienkirche und Altstädtischer Apotheke, Optikpark

Wo tank' ich auf?

Hohennauener Hof
Rhinower Straße, Hohennauen

Fischerstube
Havelweg 7, Warnau

Zur Linde
August-Bebel-Straße, Schollene

Zum Alten Hafen
Am Alten Hafen, Rathenow

Zur Alten Schmiede
Kleine Burgstraße, Rathenow

Kartentipp: **ADFC-Regionalkarte Elbe/Havel**

Tour 8

Tipp: Vielleicht eine Übernachtung einplanen, um die Sterne zu beobachten?

Tourstart

*Wir starten vom Bahnhof Rathenow geradeaus in den Friedrich-Ebert-Ring und fahren an derem Ende nach links über den Radweg an der Berliner Straße zum **Knoten** 50. Von dort rechts zum **Knoten** 56 und auf dem straßenbegleitenden Radweg an der Bundesstraße nach Hohennauen.*

Ein Großteil der Innenstadt von Rathenow ist im Krieg zerstört worden, die meisten der interessanten Gebiete der Stadt sehen wir auf dem Rückweg. Wir halten uns zu Anfang nicht groß auf, und fahren schnell gerade nach Hohennauen. Wir sind hier in der Nähe des rechten Ufers der Havel, die nächste Brücke ist erst 30 Kilometer weiter in Strodehne.

*In Hohennauen biegen wir am **Knoten** 80 nach links ab und, wenn die Straße die Havel erreicht, nach rechts in Richtung Spaatz (**Knoten** 82) und weiter nach Rhinow (**Knoten** 70). Von hier folgen wir der Beschilderung der Tour Brandenburg über den **Knotenpunkt** 71 nach Strodehne,*

Wir sind im **Sternenpark Westhavelland**. Die Region wirbt damit, eine der dunkelsten in Deutschland zu sein. In der Nacht, versteht sich. Hier kann man ungestört die Sterne beobachten. Entsprechend werben manche Quartiere damit und passen auch gerne die Frühstückszeiten dahingehend an.

Alte Nadelwehre sind gut für die Durchlüftung des Flusses

Und in der einsamen, wasserreichen Gegend hat man viel Gelegenheit zur Beobachtung der Natur. Auch der Weg von Rhinow nach Strodehne gibt dazu viel Gelegenheit, weicht er doch erst rechts, dann links von der (keineswegs sonderlich befahrenen) Straße ab und führt durch die Wiesen.

2 **Strodehne** ist ein schönes Fischerdorf mit vielen alten Häusern. Es liegt abseits der Straße, so dass es hier völlig ruhig ist. Man kommt hier auch für eine Badepause oder Rast direkt an den Fluss. Empfehlenswert ist ein Abstecher etwa anderthalb Kilome-

Silberreiher am Gülper See

ter nach Süden zum **Gahlberg** am Gülper See. Das ist nicht wirklich ein Berg, sondern heißt nur so. Hier gibt es eine schöne alte **Bockwindmühle**. Wenn wir Glück haben, hat auch der **Fischimbiss** am Wasser geöffnet.

Der Rhin, der von Rheinsberg im Norden des Landes Brandenburg kommt, mündet hier in die Havel. Über ihn führt ein altes denkmalgeschütztes **Nadelwehr**. Hier wird der Flusslauf durch viele nebeneinander positionierte Stangen, „Nadeln" genannt, gebremst. Nadelwehre sind heute sehr selten geworden, am Unterlauf der Havel findet man noch mehrere.

Ein paar hundert Meter rhinaufwärts beginnt der **1 Gülper See**, ein Naturschutzgebiet. Er steht als Rast- und Nistplatz vieler seltener Vogelarten auf der Liste der Feuchtgebiete Internationaler Bedeutung. Er ist sehr flach, bei Hochwasser werden die umliegenden Wiesen schnell überschwemmt. Von mehreren Aussichtstürmen lässt sich die Vogelwelt gut beobachten und die herrliche Ruhe genießen.

Bis Garz, was unser nächstes Etappenziel ist, sind es Luftlinie nur zwei Kilometer, aber wir kommen hier nicht übers Wasser. So müssen wir bis dahin rund zehn Kilometer fahren.

*Hinter Strodehne fahren wir ein Stück weiter mit der Tour Brandenburg-Beschilderung auf der Straße, überqueren die Havel und biegen an **Knoten 3** nach links auf den Havel-Radweg in Richtung Garz ab.*

Mittägliche Ruhe im Havelland

„Berlin wurde aus dem Kahn gebaut" sagt man. Gemeint ist, dass die Ziegel während der Zeit des rasanten Stadtwachstums Ende des 19. Jahrhunderts per Schiff aus mehreren Richtungen in die Stadt gelangten. Auch an der unteren Havel gab es **Ziegeleien**, und dass es sie gab, sieht man dem Ortsbild von **3 Garz** an.

Die achteckige Kirche in Garz

Um die originelle **achteckige(!) Fachwerkkirche** gruppieren sich im Halbrund repräsentative Bauernhöfe aus Backstein. Das Ensemble stammt vom Ende des 19. Jahrhunderts. Die alten Höfe waren bei einem Brand zerstört worden und wurden dann mit größeren Häusern wieder aufgebaut. An die 1688 erbaute Kirche grenzt der Friedhof mit einer massiven Mauer zu einem alten Havelarm. Daneben liegt der kleine Hafen des Dorfes mit Wasserwanderrastplatz und Gaststätte.

*Von Garz führt uns der Havel-Radweg über Warnau (**Knoten** 19) und Molkenberg nach Schollene (**Knoten** 4).*

Windungsreich schlängelt sich der Havel-Radweg durch die Auen über Warnau nach Molkenberg. Im Ort kommt man auch direkt an den Fluss – mit Bademöglichkeit. Schollene ist der größte Ort auf dieser Havelseite bis Rathenow (mit Einkaufsmöglichkeit und Gastronomie), er liegt auf einer kleinen Hügelkette. Diese Höhenzüge heißen hier „Ländchen".

Bauernhöfe in Garz

*Hinter Schollene führt der Havelradweg ein kurzes Stück neben der Straße, biegt am **Knoten** 5 links ab und führt als eigener asphaltierter Weg nach Grütz und weiter dem Havelbogen folgend nach Göttlin. Hier verlassen wir den Havel-Radweg und farhen links über die Göttliner Chaussee an den Stadtrand von Rathenow.*

Vor Grütz bietet sich die Möglichkeit, einen kleinen Abstecher zur **Grützer Schleuse** zu machen, wo sich am alten Arm der Havel noch ein **Nadelwehr** finden lässt. Im Ort gibt es direkt am Weg einen Biwakplatz für Wasserwanderer (natürlich auch für Radfahrer) mit Badestelle.

An der Kreuzung Göttliner Chaussee / Genthiner Straße biegen wir nach links ab und fahren über den Schwedendamm und die Steinstraße über mehrere Havelarme in die Altstadt von Rathenow.

4 **Rathenow** gilt seit vielen Jahrzehnten als Stadt der Optik. 1801 richtete Johann Heinrich August von Duncker hier eine Werkstatt ein. Durch eine von ihm entwickelte spezielle Schleifmaschine konnten die Linsen wesentlich einfacher gefertigt werden als zuvor, das machte Rathe-

now zu einem der führenden Optikstandorte. Ein Denkmal auf dem Bahnhofsvorplatz erinnert an Duncker.

An die Tradition der Stadt knüpft der **Optikpark** an, an dem wir am Schwedendamm vor der ersten Havelbrücke vorbei kommen. Er wurde 2007 auf einem Areal, das im Vorjahr für die Landesgartenschau genutzt wurde, eingerichtet. 2015 fand hier sogar eine Bundesgartenschau statt. Viele Elemente am Park bringen den Besuchern die Optik nahe, zum Beispiel mit einem Riesenprisma und einem riesigen Fernrohr.

Optikpark in Rathenow

Rathenow ist im Zweiten Weltkrieg stark zerstört worden. In der Altstadt zwischen den beiden Havelarmen gibt es aber dennoch einiges Interessantes zu entdecken,

Der alte Altar von 1380 der **Sankt-Marien-Andreas-Kirche** ist oft hinter einem Vorhang versteckt. Das erinnert an die weise Voraussicht, mit der der Pfarrer gegen Kriegsende den Altar einfach durch eine Mauer geschützt hat, damit der schönen Jungfrau Maria kein Leid zustößt. Das war auch nötig, denn auch die Kirche wurde im Krieg von Bomben getroffen. Der neugotische Turm, der seit dem ersten Drittel des 19. Jahrhunderts einen Vorgänger ersetzte, wurde ebenfalls bis auf den Stumpf zerstört. Entworfen hatte ihn übrigens Carl Wilhelm Redtel, ein Schüler von Karl-Friedrich Schinkel. Der Meister soll getobt haben, als am Ende nicht sein eigener Entwurf, sondern der seines Schülers gewählt wurde. Nach 2000 wurde der Turm wieder aufgebaut, von der Aussichtsplattform hat man einen schönen Blick auf Stadt und Umgebung.

Mindestens so eindrucksvoll ist aber die nahe **Altstädtische Apotheke** in der Steinstraße 1. Nicht der heutige Verkaufsraum ist gemeint, sondern die beiden historischen Räume dahinter. Erst kommt einer im Jugendstil, dann einer im Biedermeier. Fragen Sie den Apotheker, ob er vielleicht eine kleine Führung macht. Die Apotheke war eine der ganz wenigen in der DDR, die bis zur Wende in Privatbesitz blieben und nicht verstaatlicht wurden.

*Über den **Knoten** 50, die Berliner Straße und den Friedrich-Ebert-Ring erreichen wir wieder den Bahnhof Rathenow.*

Reisemobilstellplätze an oder nahe der Route:

Wohnmobilstellplatz Rathenow
Baustraße, Rathenow

Zwischen zwei Strömen zu den Störchen

Rast zwischen den Flüssen

Streckentour von Glöwen über Havelberg an der Elbe nach Wittenberge

Dem Fluss zusehen, die Natur genießen, Vögel beobachten – einfach Mal die Seele baumeln lassen – und eine der beeindruckendsten Kirchen der Region erleben. Das alles bietet diese Tour.

Was erwartet mich?

49 km auf glatten Wegen, ein Großteil auf dem Elbedeich. Der romanische imposante Havelberger Dom, die unberührte Natur zwischen Elbe und Havel, die Störche am Fluss und im Dorf Rühstädt sowie die alte Industriestadt Wittenberge.

Wie komme ich hin?

Start in Glöwen
ÖPNV: RE8
Mit dem Auto: B 5 und anschließend B 107, Parkmöglichkeiten am Bahnhof
Start in Wittenberge
ÖPNV: RE8 aus Berlin und Wismar, weitere Bahnlinien in anderen Richtungen
Mit dem Auto: B189 (Verbindung Wittenberge – Glöwen stündlich mit RE8)

Was muss ich sehen?

1 **Dom und Altstadt von Havelberg**
2 **Das Land zwischen den Flüssen**
3 **Storchendorf Rühstädt**

Wo tank' ich auf?

Zum Storchenhof
Rühstädter Dorfstraße, Rühstädt

Brauhaus in der Alten Ölmühle
Bad Wilsnacker Straße, Wittenberge

Kartentipp: **ADFC Regionalkarte Radlerparadies Prignitz**

Der Havelberger Dom

Tipp: Achten Sie auf den Wetterbericht, denn diese Tour führt auf dem Deich Richtung Nordwest, macht also bei Ostwind am meisten Freude.

Tourstart

*Wir starten am Bahnhof Glöwen. Wenn wir mit dem Zug aus Berlin kommen, müssen wir die Gleise unterqueren (Rampen) und folgen dem straßenbegleitenden Radweg über den **Knotenpunkt 49** in Richtung Havelberg. Am **Knoten 61** biegen wir nach links in die Lindenstraße ein und fahren auf den Dom zu.*

Unser Tourstart ist unspektakulär. Beeindruckend ist allerdings das klassizistische Bahnhofsgebäude des Bahnhofs Glöwen, heute privat genutzt.

Mit dem **1 Havelberger Dom** wartet aber bald der erste Höhepunkt auf uns. Wie eine uneinnehmbare Festung thront die Kirche hoch über dem Tal der Havel. Vielleicht ist es nicht jedermanns Sache, manchen erscheint das viel zu wenig filigran. Aber er lohnt sich unbedingt. Der Dom ist Teil einer gut erhaltenen Klosteranlage. In dieser befindet sich das **Prignitz-Museum** mit Ausstellungen zur Kirchen- und Regionalgeschichte.

Vom Vorplatz des Doms schaut man bereits auf die idyllisch auf einer Havelinsel gelegene **1 Altstadt** herab.

Mehr zun Dom und der Stadt finden Sie im **Ortsporträt Havelberg** (s. Seiten 76-77).

Schäfchen und Schäfchenwolken am autofreien Deich, was will man mehr?

Vom Dom fahren wir am einfachsten vom Platz des Friedens nach rechts über die Domherrnstraße, wieder rechts über die Flethe und an der Weinbergstraße ein drittes Mal nach rechts, um dann über eine kleine Brücke über die Havel zum Markt und zur Stadtkirche zu gelangen.

Auch die **Altstadt** mit der gotischen **Laurentiuskirche** lohnt sich sehr, eine Vielzahl alter Häuser ist auf der Insel erhalten geblieben. Hier gibt es Möglichkeiten zur Stärkung – danach auf über 25 km nicht mehr.

*Über die Lange Straße kommen wir zum **Knoten** 12 und nach Überqueren des südlichen Havelarms zum **Knotenpunkt** 1. (Nach links führt der Havelradweg in Richtung Rathenow, mit Anschluss in Garz an Tour 8, geradeaus der Elberadweg stromaufwärts.) Wir biegen nach rechts ab und am **Knoten** 85 wieder nach rechts. Wir folgen den ausgeschilderten Routen (Elbe-Radweg, Havel-Radweg, Tour Brandenburg) bis zu den Wehren über die Havel (**Knoten** 73).*

Wir kommen an einer kleinen Häusergruppe vorbei, die Kolonie Neu-Werben. Sie gehört zur kleinen Stadt Werben am jenseitigen Elbufer, deren imposante Kirche wir ein paar Kilometer später über den Fluss hinweg sehen werden. Vorher aber passieren wir große **Wehranlagen**. Sie sind Zeugnis umfangreicher Hochwasserschutzmaßnahmen, die im 20. Jahrhundert stattfanden. Während die ursprüngliche Havelmündung etwa an dieser Stelle war, erhielt sie beim Umbau eine künstliche Mündung über 10 Kilometer weiter. Mit all' diesen Maßnahmen wurde erreicht, dass die häufigen Elbehochwasser sich nicht mehr über die steigungsarme Havel über Dutzende Kilometer ausbreiten konnten.

*Wir biegen am **Knoten** 73 nach links auf den Weg zwischen Elbe und Havel und radeln bis nach Gnevsdorf (**Knoten** 42).*

Wir verdanken diesen Hochwasserschutzmaßnahmen ein besonders idyllisches Stück unserer Tour. Ungestört geht es auf einem schmalen **2 Landstreifen zwischen Elbe und Havel** weiter. Zu beiden Seiten ein Fluss, und dazu erleben wir die Natur. Was es nicht alles für Vögel gibt! Am meisten fallen sicher im Sommer die Störche und im Frühling oder Herbst die Kraniche und Gänse auf. Wer sich nicht einfach irgendwo ins Gras legen will, wird an mehreren Stellen Bänke für eine Rast oder kleine Aussichtstürme zur Vogelbeobachtung vorfinden. Aber bedenken wir: diese Idylle ist letztlich auch nur eine Landschaft aus Menschenhand.

Störche in Rühstädt

*Von Gnevsdorf geht unser Weg ein Stück an der Elbe entlang und nach rechts Richtung Rühstädt (**Knoten** 43).*

Auch wenn wir **Störche** am Fluss an vielen Stellen sehen können, ist **3 Rühstädt** ganz besonders berühmt für sie. Mehr als 30 Paare brüten jedes Jahr im Dorf, in keinem Ort Deutschlands gibt's pro Fläche mehr. Der ortsansässige Storchenclub betreibt im Storchenhaus am Wasserturm ein Informationszentrum und eine kleine Ausstellung. Der Ort lohnt sich aber auch so: ein großes barockes Gutshaus, eine spätgotische Kirche und mehrere alte Bauernhäuser geben ein sehenswertes Dorfbild.

*Über den Elbe- bzw. Havelradweg fahren wir wieder zum Elbdeich und rechts nach Bälow ein Stück auf der Straße. Beim **Knoten** 33 geht es links nach Hinzdorf und von dort wieder auf dem Deich bis zur Elbebrücke Wittenberge (**Knotenpunkt** 32). Es gibt auf beiden Ufern eine Ausschilderung des Elberadwegs – über die Elbebrücke (Eisenbahnbrücke mit Fuß- und Radweg) sind beide verbunden. Hinter der Brücke biegen wir links auf die Bad Wilsnacker Straße ein. Der Elberadweg führt geradeaus am Elbeufer weiter – wir folgen aber entweder der Beschilderung zum **Knoten** 30 in die Stadt oder nach rechts in die Packhofstraße direkt zum Bahnhof – unserem Ziel.*

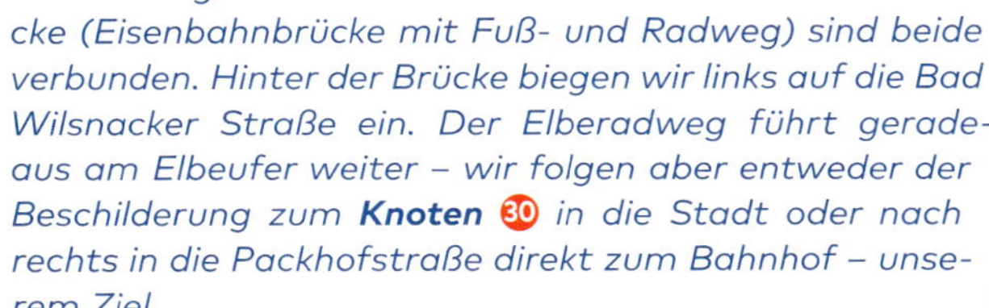

Wittenberger Ölmühle

Stadtmuseum Wittenberge

Wittenberge ist ganz anders als andere Städte der Prignitz wie Perleberg und Havelberg, in deren Schatten sie seit langer Zeit stand. Ihre Bedeutung wuchs enorm, als 1835 der Elbhafen und 1846 die Berlin-Hamburger Eisenbahn eröffnet wurde. In den folgenden Jahrzehnten wurde Wittenberge zum Eisenbahnknoten und wichtigem Industriestandort. Berühmt wurde die Nähmaschinenfabrik der Firma Singer, ansonsten entstanden unter anderem ein Zellstoffwerk sowie das Eisenbahn-Ausbesserungswerk. Schon bald nach der Einfahrt in den Ort sehen wir rechts den **Turm des Nähmaschinenwerks** – die Turmuhr gilt als größte ihrer Art in Deutschland. An der Elbe liegt die alte Ölmühle, ein schönes denkmalgeschütztes Ensemble, heute als Hotel und Gaststätte genutzt. Der Gründer der Ölmühle, Salomon Herz, hatte sich vor fast 200 Jahren sehr für den Bau von Hafen und Eisenbahn eingesetzt – der Bahnhofsvorplatz trägt heute seinen Namen.

Das älteste Bauwerk der Stadt ist der **Steintorturm** aus dem 13. Jahrhundert. Kirche und Rathaus entstanden erst mit der Industrialisierung der Stadt Ende des 19. und Anfang des 20. Jahrhunderts. Nach 1990 wurden viele Industriearbeitsplätze abgebaut, die Einwohnerzahl der Stadt halbierte sich. Erst in den letzten Jahren stabilisierte sich die Entwicklung. Wittenberge beginnt langsam wieder ein attraktiver Wohnort zu werden, von dem Berlin und Hamburg schnell per Bahn zu erreichen sind. Das große alte Bahnhofsgebäude wird durch die Stadt saniert und soll bis zur Landesgartenschau 2027 ein wichtiger Anlaufpunkt werden.

Reisemobilstellplätze an oder nahe der Route:

Stellplatz an der Campinginsel
Spülinsel, Havelberg

Ferienanlage Sandkrug
Sandkrug bei Bälow

WSV Wittenberge
Dorfstraße 12, Wittenberge-Garsedow

Caravanstellplatz am Sportboothafen Nedwiganger
Elbstraße, Wittenberge

Ortsporträt

Havelberg

Havelberg ist berühmt für seinen uralten Dom, der wie eine Festung hoch über dem Tal der Havel steht. Darunter liegt auf einer Havelinsel die Altstadt mit der Stadtkirche. Was Havelberg für den Radfahrer so einmalig macht, ist die Lage im Elbe-Havel-Winkel. Für große Verkehrswege war kein Platz, dafür für eine Vielzahl wunderbarer Radrouten in unberührter Natur.

Wer schon etwas von Havelberg gehört hat, denkt vermutlich an einen **Dom** auf einem Berg. Dieser wurde bereits 1170 geweiht und ist der Jungfrau Maria gewidmet. Luthers Lied „Ein feste Burg ist unser Gott" ist zwar symbolisch gemeint, aber der festungsartige Westbau des Doms lässt irgendwie sofort daran denken. Das Portal im Westen ist nicht alt, der Bau konnte wirklich verteidigt werden. Die Fenster im nördlichen Seitenschiff stammen noch aus dem 13. und 15. Jh. Um den Dom entwickelte sich ein Stift der Prämonstratenser. Vieles gibt es hier oben zu sehen – zum Dom und den Stiftsanlagen mit Kreuzgang und Konventgebäude kommen Repräsentationsbauten kirchlicher Würdenträger hinzu. In der Anlage befindet sich das Prignitz-Museum. Eindrücklich ist die Darstellung der Schifffahrt. Havelberg hatte einst eine wichtige Werft und war eine der wichtigsten Städte dieser Region, die hier im Museum vorgestellt wird. Während der Rest der Prignitz den Nordwestzipfel Brandenburgs bildet, kam Havelberg 1952 zum DDR-Bezirk Magdeburg und mit diesem 1990 zu Sachsen-Anhalt.

Beeindruckend ist der Blick vom Dom auf die **Havelauen** und die **Altstadt**. Diese liegt unterhalb des Doms auf einer Havelinsel. Sie wird dominiert von der gotischen **Laurentiuskirche**, im Kern stammt sie aus dem 15. Jahrhundert. In der Altstadt gibt es viele alte Häuser aus verschiedenen Jahrhunderten, das älteste ist das **Beguinenhaus** von etwa 1400, ein ehemaliges Hospital. Bemerkenswert auch das klassizistische Rathaus.

Altstadtinsel mit Laurentiuskirche und altem Speicher

Havelberg war im Mittelalter eine wichtige **Handelsstadt**. Hier verlief ein wichtiger Transportweg für Salz aus Mitteldeutschland zur Ostsee und nach Brandenburg. Die Stadt gehörte der Hanse an und schmückt sich seit ein paar Jahren wieder stolz mit dem Titel „Hansestadt".

Doch später verliefen die Verkehrsströme anders. Bahn und Chaussee Berlin – Hamburg machten einen großen Bogen um die Stadt, Elbe und Havel standen im Weg.

Doch das, was die Entwicklung der Stadt stagnieren ließ, lässt heute das Herz des Radfahrers und des Naturfreundes höher schlagen. Hier gibt es so viele Möglichkeiten für interessante Touren. Eine der spannendsten, die auf dem **Elberadweg** in Richtung Wittenberge zwischen den Wassern von Elbe und Havel, haben wir in diesem Buch beschrieben. Aber man kann Elbe und Havel genauso auch flussaufwärts verfolgen – und für den Elberadweg gibt es in beide Richtungen auch eine Variante auf dem anderen Elbufer.

Über der Havel thront der Dom zu Havelberg mit seinem stabilen Westwerk

Dorthin gelangt man nur mit der Fähre. Eine sogenannte Gierfähre, die an einem Seil hängt und durch die Flussströmung angetrieben wird, verbindet Havelberg mit dem kleinen Dorf **Räbel**. Vier Kilometer weiter finden wir noch eine Hansestadt: **Werben** (Elbe). Sie liegt an einem Knick der Elbe, der den Durchgangsverkehr in alle Richtungen abhält. Nicht einmal tausend Einwohner hat sie, und doch haben wir überall das Gefühl, dass wir tatsächlich in einer Stadt sind. Eine riesige **gotische Kirche**, das **„Romanische Haus"** (vermutlich der älteste Profanbau nördlich der Alpen), viele alte Wohnhäuser und ein altes **Stadttor** gibt es zu bestaunen.

Das älteste Haus in der Altstadt: das Beguinenhaus

Tour 10

Havel-Radweg in Potsdam

61 km

Segeln längs der Havel

Streckentour von Brandenburg nach Potsdam

Die Tour bietet unvergleichliches Fahrvergnügen in der Natur auf dem Haveldeich, am meisten Spaß macht es bei Rückenwind. Am Anfang und am Ende gibt es zwei der schönsten Städte des Landes zu erleben: Brandenburg mit seinen mittelalterlichen Kirchen und Potsdam mit seinen Schlössern und Parks.

Was erwartet mich?

61 km, eine ebene Tour ohne Anstiege und Gefälle auf einem Mix von Radwegen und kleinen Straßen, asphaltierten Wegen, lange Zeit auf dem Deich und kurzen Abschnitten auf Promenaden mit Kies.

Wie komm' ich hin?

Start in Brandenburg
ÖPNV: Brandenburg Hauptbahnhof mit dem RE1
Mit dem Auto: A2, Ausfahrt Brandenburg und B102 bzw. direkt Bundesstraße 1

Start in Potsdam
ÖPNV: Potsdam Hauptbahnhof mit S7 und RE1
Mit dem Auto: A115, Ausfahrt Potsdam-Babelsberg, Richtung Potsdam, vor den Bahnschienen links in die Friedrich-Engels-Straße,, Parkhaus am Bahnhof
(Für Autoreisende: Potsdam und Brandenburg sind direkt mit dem RE1 verbunden.)

Was muss ich sehen?

1 Altstadt Brandenburg
2 Inselstadt Werder
3 Potsdamer Havel

Wo tank' ich auf?

Havelstübchen
Zur Ziegelei, Groß Kreutz

Fischrestaurant Arielle
Fischerstraße, Werder

La Maison du Chocolat
Benkertstraße, Potsdam (Holländerviertel)

Kartentipp: **ADFC-Regionalkarte Potsdam/Havelland**

Blick auf Brandenburg

Tourstart

Wir verlassen den Bahnhof von Brandenburg und queren die große Straße an der Fußgängerampel und fahren mit der Ausschilderung aller Radwege in die Innenstadt.

Eine Besichtigung der 1 **Altstadt von Brandenburg** ist zu empfehlen – eine Beschreibung allem Sehenswerten finden Sie im **Ortsporträt Brandenburg** (Seiten 84-87). Sie erfordert aber Zeit und Geschick. Denn in so einer Altstadt gibt es keine Radwege, sondern Pflaster und Schienen.

Da die richtige Altstadt noch mehr Pflaster hat, raten wir am **Knoten** 20 vor der Touristinfo die Räder zu parken. Gegebenenfalls kann man dort etwas Kleines erwerben und fragen, ob man die Taschen für 2 h deponieren darf.

*Nach dem Rundgang durch die historische Inselstadt schwingen wir uns am **Knoten** 20 wieder auf die Räder und steuern über den Havel-Radweg den **Knoten** 19 an. Unterwegs überqueren wir die Eisenbahn und fahren an der nächsten Kreuzung mit dem **Knoten** 19 ampelgeregelt auf dem Radweg an der B1 nach links bis zum **Knoten** 19, wo wir endlich den Verkehr hinter uns haben. Links durch den kleinen Ort Gollwitz erreichen wir den Haveldeich.*

Der Weg auf dem Haveldeich ist zwar nicht so erhaben wie an der Elbe oder der Oder, aber sehr idyllisch. Und anders als bei den genannten Flüssen sieht man hier kein Niedrigwasser oder Hochwasser. Das Wasser zur Linken ist fast immer gleich hoch und gleich klar. Nur in warmen Spätsommern fängt die Havel an zu blühen. Das heißt, es bilden sich Algen diverser Art. Für Kinder und Hunde sind die kleinen schwimmenden Blaualgen allerdings sehr gefährlich!

*Die **Knoten** 17 und 16 führen uns südlich der Havel weiter nach Osten.*

Zwischen diesen **Knoten** erhebt sich rechts ein hoher sandiger Berg, der **Götzer Berg**, von dem bei jedem kräftigen Regen etwas Sand auf unseren Weg spült. Da der Berg mit Kiefern bewachsen ist, hat man einen Aussichtsturm auf seine Spitze gestellt. Der Blick lohnt, aber es gibt keinen guten Radweg nach oben.

Hinter dem **Knoten** 16 führt der Radweg sehr idyllisch durch das alte Tonabbaugebiet. Wir erinnern: „Berlin ist aus dem Kahn erbaut". Solche Löcher mit Wasser schufen einst Berlins Häuser und Berlins Energie. Denn sowohl die Ziegel als auch die Kohle stammten aus dem Umland und wurden per Kahn transportiert.

Die **Deetzer Tonlöcher** sind noch klarer als die Havel und bei Badenden sehr beliebt. Es gibt dort sowohl einen Picknickplatz als auch eine Gaststätte namens „Fischerstube". Aber je nach Jahreszeit ist es für die Rast in beiden Fällen sinnvoll, Mückenschutz dabei zu haben.

Vor Schmergow umrunden wir wieder einen Berg, der sich aber schnell als Deponie entpuppt. Hier hätte man auch ohne Turm einen freien Blick aber noch ist der Berg leider eingezäunt. Hier wurde zu Mauerzeiten Berliner Müll deponiert. Berlin (West) zahlte der DDR für eine fachgerechte Entsorgung, aber natürlich musste nach der Wende die Kippe wieder saniert werden. Daher ist sie noch nicht stabil und bleibt noch eingezäunt.

Die prächtige Katharinenkirche in Brandenburg

*Am **Knoten** 15 haben wir die Fähre nach Ketzin erreicht. Auch wenn die **Knotenpunktwegweisung** nicht flächendeckend ist, führt uns die Wegweisung des Havel-Radwegs solide weiter.*

Auf der anderen Seite des Flusses lockt die Gaststätte im Fährhaus die Besucher an. Wir bleiben aber auf unserem Ufer und werden in Werder und Potsdam noch viele Gaststätten finden.

Inselstadt Werder

*In Phöben endet vorerst die Ruhe und wir fahren jetzt straßenbegleitend bis Werder. Wir passieren den Bahnhof von Werder (**Wegepunkt ❶**), von wo bei einem Problem schnell Potsdam oder Brandenburg mit der Bahn zu erreichen wären.*

Der Havel-Radweg führt ab hier weiter in die Innenstadt von Werder und anschließend durch Vorstädte und entlang der Bundesstraße zum Schwielowsee. Unsere Tour führt aber (nach einem kleinen Abstecher in die Innenstadt von Werder) nach links den Bahnschienen folgend direkt über Golm nach Potsdam.

Reisemobilstellplätze an oder nahe der Route:

Stadtmarina Brandenburg
Am Hafen 7

Campingplatz Sanssouci
Potsdam (in der Nähe des Bf. Potsdam, Pirschheide)

2 **Werder**, der Name sagt es: es ist eine **Insel im Fluss** und lohnt allemal einen Besuch. Aber ähnlich wie in Brandenburg stellt sich die Frage, ob man wirklich die ganze Inselrunde mit dem Rad machen will. In diesem Fall raten wir zu schieben. Im **Fischrestaurant Arielle** kann man sogar auf dem Wasser sitzen.

Wofür ist Werder bekannt? Für Obst und Obstwein. Während der Baumblüte pilgert halb Berlin in die Inselstadt, um das vergorene Obst hinter die Binde zu kippen. Das havelländische Oktoberfest ist jedes Jahr Ende April. Wer es seriöser mag, dem ist der **Werderaner Panoramaweg** und das **Obstbaumuseum** empfohlen. Wenn wir auf die Insel kommen, sehen wir rechts eine Windmühle und dahinter die Kirche, dazwischen liegt das Museum. Größter Förderer von Werderobst war vermutlich mal wieder der Alte Fritz, der sehr um die gesunde Ernährung bedacht war.

Der Havel-Radweg führt ein Stück durch die Vororte der Stadt Potsdam und dann entlang der Bundesstraße zum Templiner See (siehe Tour 6). Wir nehmen hier nun einen schönen direkten Weg in den **Park Sanssouci**. Die neue Radlerbrücke hat sogar Aussichtskanzeln, um die Inselstadt bewundern zu können.

*Wir drehen von der Insel um und fahren die Damaschkestraße zurück bis wir am Bahnhof Werder (**Wegepunkt ❶**) fast an die Eisenbahnbrücke über die Havel kommen. Daneben wurde 2022 eine neue bequeme Brücke für Radler geschaffen. Wir radeln mit der Wegweisung F3 über Golm (**Wegepunkt ❷**) und durch die schöne Lindenallee zum Westende des Parks Sanssouci.*

*Am Parkeingang (**Wegepunkt ❸**) hängt eine Tafel, die zeigt, dass auf wenigen Wegen das Radfahren erlaubt sind. Der schönste davon ist der zentrale Ökonomieweg, der uns nah an das Rondell unter dem Weinbergschloss führt.*

Die berühmte Windmühle von Sanssouci

Der Weg von Golm durch die Lindenallee zum **Neuen Palais** ist gut frequentiert, verbindet er doch mehrere Standorte der Potsdamer Universität. Ein Uni-Campus befindet sich direkt am Neuen Palais.

Friedrich der Große nannte das Schloss seine „Fanfaronade", also Getöse, Angeberei. Die Fanfaren sieht man unter der Krone über dem Eingang. Dieser Eindruck ist geglückt, jeder staunt über die Größe. Direkt südlich des Schlosses beginnt der Ökonomieweg, auf dem wir wunderschön ruhig durch den Park Sanssouci fahren.

Wenn der Weg vor dem Weinbergschloss abzweigt, heißt es innehalten: Hier gibt es einen großen Fahrradständer und wer möchte kann zu Fuß die **Weinbergterrassen** zum Schloss Sanssouci erklimmen. Oben rechts gibt es einen Grabstein für den einsamen König Friedrich II., der hier auf seinen eigenen Wunsch mit seiner Lieblingshündin begraben liegt.

Stadtfest im Holländerviertel

*Durch das grüne Gitter verlassen wir den Park und fahren über den Luisenplatz, links-rechts Hegelallee, Nauener Tor (**Wegepunkt ❹**) und rechts Friedrich-Ebert-Str. auf der Radroute „Alter Fritz" vorbei am Stadtschloss zurück zum Bahnhof.*

Hinter dem Nauener Tor passieren wir das beliebte schöne **Holländerviertel** mit seinen vielen Läden und Lokalen. Es gibt da ein Café mit einer heißen Schokolade, in der der Löffel fast stehen bleibt.

Weiteres zu den Potsdamer Parks und Schlössern siehe **Ortsbeschreibung Potsdam** (Seiten 48-51).

Ortsporträt

Brandenburg/Havel

Die Wiege des Landes Brandenburg ist die gleichnamige Stadt an der Havel. Auch die Brandenburger Tore in Berlin und Potsdam heißen nach ihr. Lange geriet die Stadt Brandenburg ein wenig ins Hintertreffen gegenüber Berlin und Potsdam. Das gilt auch für die Wahrnehmung als sehenswerter Ort. Und doch lohnt sie sich. Ganz anders als die Residenzstadt Potsdam: das Stadtbild dominieren mittelalterliche Kirchen und die Havelarme, die sich durch die Innenstadt schlängeln.

Die Stadt ist uralt. So alt, dass die Forscher gar nicht mehr genau wissen, was der Name bedeutet. Stammt er von den Slawen, die vor über tausend Jahren hier siedelten, oder ist er noch älter? Urkunden belegen jedenfalls eine Nennung aus dem Jahr 948.

Brandenburg hat drei unterschiedliche Kerne, die **Dominsel** und zwei konkurrierende Städte beiderseits der Havel: die **Altstadt** und die **Neustadt**, die beide seit dem frühen 14. Jahrhundert unabhängig Mitglied der Hanse waren. Daran erinnert noch der Roland vor dem Altstädter Rathaus. Bis ins 20. Jahrhundert war die Dominsel eine eigene Gemeinde. Vielleicht hat eine solche Unterteilung die Stadt in ihrer Entwicklung geschwächt?

Der **Dom Peter und Paul** wurde 1165 auf den Resten einer alten Slawenburg begonnen und berührt uns heute vor allem durch sein Alter und seine Unvollkommenheit. Die steten Veränderungen und Erweiterungen haben ihn fast zu einer Ruine gemacht. Das erste Mal versuchte man hier, auf wackeligem Grund eine größere Kirche nur aus Ziegeln zu bauen. Zuvor setzte man in Brandenburg auf die festen Feldsteine, die uns die Eiszeit mitbrachte. Geplant war eine repräsentative Fassade mit zwei Türmen, die aber nie vollendet werden konnte, weil weder Fundament noch Gemäuer dem Druck stand hielten. Achten Sie mal auf das Relief „Der Fuchs predigt den Gänsen" am Westportal. Intensiv wirkt auch die dunkle romanische Krypta.

Ganz anders die große Kirche in der Neustadt: die **Katharinenkirche** ist eine helle und repräsentative gotische Hallenkirche. Hier geht es weniger um innerliche

Idyllisch liegt die Stadt zwischen den Armen der Havel

gebückte Frömmigkeit, sondern mehr um das Zurschaustellen von Macht und Reichtum. Sehen und Gesehen werden ist die Devise der Händler. Sie beeindruckt schon von weitem mit ihren fein ziselierten Maßwerkgiebeln.

Der bescheidene alte Dom von Brandenburg/Havel

Die Altstädter **Gotthardtkirche** ist im Kern wohl die älteste Kirche der Mark Brandenburg. Es gibt die Taufkapelle mit dem Taufbecken aus dem 13. Jahrhundert. In ihr wurde 1923 Vicco von Bülow, bekannt unter dem Namen „Loriot" getauft. Daran erinnert eine Loriot-Ausstellung in der alten Kirchenbibliothek. Tipp für Kinder: Ein historischer Einhornteppich aus dem 15. Jahrhundert ist der Ausgangspunkt für eine Einhornschatzsuche in der Kirche.

Brandenburg/Havel

Loriot ist noch heute in der ganzen Stadt präsent. 2015 eröffnete Frank Walter Steinmeier in Brandenburg die Ausstellung zu den **Waldmöpsen** mit denen von Bülow (alias Loriot) 1972 die Nation zum Lachen brachte. Wenn wir aufmerksam durch die Stadt streifen, werden wir immer wieder die niedlichen gehörnten Möpse entdecken.

Loriots Waldmöpse begrüßen die Besucher der Innenstadt

Wenn Sie beabsichtigen, die Altstadt mit dem Rad zu erkunden, der Hinweis: es gibt grobes Pflaster und alte Straßenbahngleise.

In Brandenburg wurden lange Zeit Spielwaren und Fahrräder hergestellt. Im FREY-HAUS in der Ritterstraße 96 werden vor allem historische Spielsachen präsentiert.

Im ehemaligen **St. Paulikloster**, Neustädtische Heidestraße 28, ist heute das **archäologische Museum Brandenburgs** untergebracht. Das **Industriemuseum** im Westen der Stadt erinnert an ihre wirtschaftliche Tradition. Es ist im alten Stahlwerk untergebracht, einst der größte Betrieb der Stadt. Nach 1990 wurden große Teile des Werkes geschlossen, viele Arbeitsplätze ent-

Im St. Pauli-Kloster ist heute das archäologische Landesmuseum

fielen, nur wenige produzierten weiter. Nach 1990 verlor die Stadt mehr als ein Viertel ihrer Einwohner, erst in den letzten Jahren wird sie mehr und mehr als attraktiver Wohnort wiederentdeckt. Einkehrmöglichkeiten oder Boote zum Ausleihen finden Sie vor allem beiderseits der schicken **Jahrtausendbrücke**.

Die Jahrtausendbrücke in Brandenburg

Tour 11

46 km

Lütt Dirn, kumm man röwer, ick hebb ne Birn!

↑ Dorfkirche in Ribbeck

Streckentour von Rathenow durchs freie flache Havelland nach Nauen

Diese Tour führt mitten durch das Havelländische Luch. Es ist zumeist eine freie Landschaft, durchzogen von Wassergräben und ideal, um im Frühling oder Herbst Sonne zu tanken. Steigungen oder Verkehr: Fehlanzeige – flach und leer ist es hier. Vogelfreunde sollten nicht ohne Fernglas unterwegs sein.

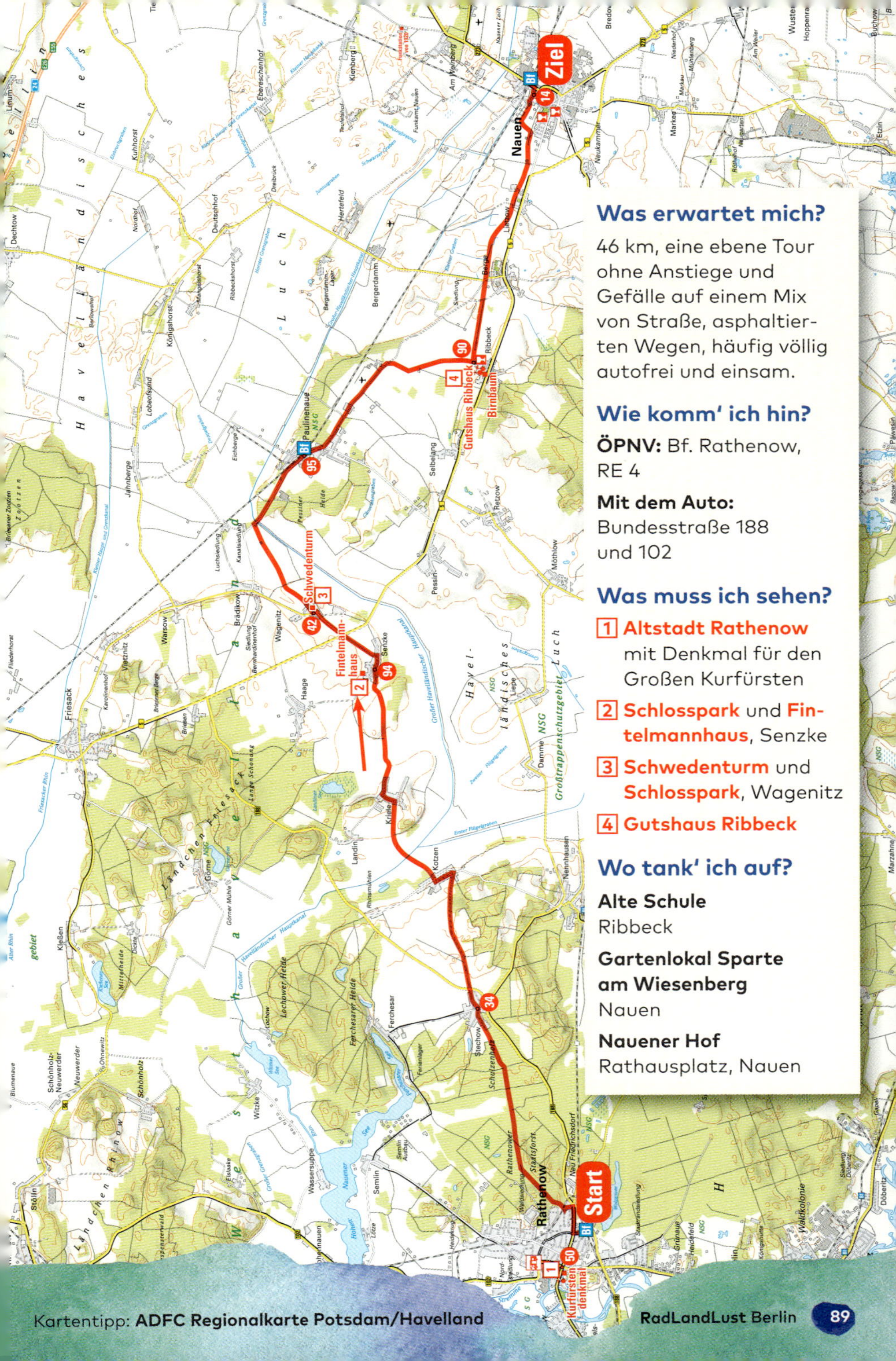

Was erwartet mich?

46 km, eine ebene Tour ohne Anstiege und Gefälle auf einem Mix von Straße, asphaltierten Wegen, häufig völlig autofrei und einsam.

Wie komm' ich hin?

ÖPNV: Bf. Rathenow, RE 4

Mit dem Auto: Bundesstraße 188 und 102

Was muss ich sehen?

1. **Altstadt Rathenow** mit Denkmal für den Großen Kurfürsten
2. **Schlosspark** und **Fintelmannhaus**, Senzke
3. **Schwedenturm** und **Schlosspark**, Wagenitz
4. **Gutshaus Ribbeck**

Wo tank' ich auf?

Alte Schule
Ribbeck

Gartenlokal Sparte am Wiesenberg
Nauen

Nauener Hof
Rathausplatz, Nauen

Kartentipp: **ADFC Regionalkarte Potsdam/Havelland**

Tour 11

Denkmal für die Havelspucker in Rathenow

Tipp: Vor Antritt der Tour auf die Windrichtung achten.

Das Denkmal für den Großen Kurfürsten in Rathenow

Tourstart

*Wir verlassen den Bahnhof von Rathenow, queren den großen Platz und fahren geradeaus über den Friedrich-Ebert-Ring. Die eigentliche Route auf dem Havellandradweg führt nach rechts, aber ein Blick in die Altstadt (**Knoten 50**) in der anderen Richtung lohnt sich.*

Eine Besichtigung der 1 **Altstadt von Rathenow** ist zu empfehlen, das ist schnell gemacht. Der größte Teil der Innenstadt wurde im Zweiten Weltkrieg zerstört, so viel Altes blieb nicht. Doch der Schleusenplatz in der Neustadt und der Blick auf die **Marienkirche** in der Altstadt über dem Wasser der Havel ist hübsch und interessant zugleich, auch die eigentliche Altstadt dort lohnt sich. Die Havel fächert sich wie in Brandenburg auch hier in mehrere Arme auf.

Leicht zu übersehen ist eines der größten Barockdenkmäler Norddeutschlands auf dem neustädtischen Schleusenplatz, weil es in einer tiefen Senke steht. Der **Kurfürst** wird meist in alter römischer Tracht und Pose gezeigt, aber das ist nicht das, was berührt. Eindrücklich sind vielmehr die Besiegten zu seinen Füßen: lauter angekettete, muskelbepackte, fast nackte Männer, die herzzerreißend an ihren Fesseln zerren. Der Schlüterschüler und Hofbildhauer Glume hat auch in Potsdam für den Alten Fritz gearbeitet. Er wusste, was dem König gefiel.

*Der Havelland-Radweg führt uns von Rathenow über den Kreisel links, durch den Wald nach Stechow (**Knoten 34**) und weiter über Kotzen und Kriele nach Senzke (**Knoten 94**).*

Der Weg durch das Havelland führt lange durch eine freie Landschaft. Der rote brandenburgische Adler auf einem Rad markiert den etwas über 100 km langen Weg, den wir heute teilweise befahren.

Im Gebiet des **Havelländischen Luches** besteht die Möglichkeit einer guten Vogelbeobachtung. Besonders im Frühjahr und Herbst, also zu den Zeiten des Vogelflugs, lohnt es, ein Fernglas mitzunehmen. Denn dann fressen sich Kraniche und andere Zugvögel hier so richtig durch für die langen Strapazen. Aber viele Vögel haben eine große Fluchtdistanz. Oft lassen sie sich von vorbeifahrenden Radlern überhaupt nicht stören. Erst wenn wir anhalten und mit dem Handy rumfuchteln, werden sie unruhig und starten die Flucht. Die Beobachtung ist eine Freude, wenn wir nicht nur mit den Augen, sondern mit allen Sinnen beobachten. Die Gänse schnattern fortwährend während des Fluges und auch während der Nacht, die Kraniche tröten etwas seltener und mit einem jazzigen Einschlag. Die Graureiher sollten lieber schweigen, sie stehen so majestätisch am Ufer und gucken ins Wasser, aber wenn wir zu nahe kommen, schreien sie wie Kinder.

Eine Besonderheit beherbergt das weite Havelland – den schwersten flugfähigen Vogel Deutschlands: die **Großtrappe**. Über 2 m Flügelspannweite bis 15 kg Gewicht, das ist schon ein ganz schöner Brocken. Es gibt ihn nur selten und wir sehen ihn kaum per Zufall.

Die ersten Kilometer bis Stechow geht es allerdings durch den Wald. Wir folgen auf vielen Abschnitten einer alten Schmalspureisenbahn, die von Rathenow nach Nauen führte. Auch dieser Abschnitt liegt auf der alten Trasse.

Die Dorfkirche von Stechow vereint Feldstein und Fachwerk

Die Landschaft ist flach, aber mit einigen markanten Hügeln. Wenn wir durch einen Ort namens „Kotzen" kommen: bitte nicht wundern. Der Name stammt (wie so viele Namen in der Gegend) aus dem Mittelalter, als hier slawische Völker lebten und bezeichnet einen Ort, an dem haarige Pflanzen wachsen.

Die meisten Orte auf unserem heutigen Weg sind keine Bauerndörfer, sondern waren Güter. Landarbeiter arbeiteten für den Gutsherren. Viele unserer Orte besitzen noch staatliche Gutshäuser, oft „Schloss" genannt, teilweise mit einem schönen Park dazu.

Dazu gehört auch Senzke. Das Gut gehörte jahrhundertelang der Familie von Bredow, einer hier weit verzweigten Sippe, die ihren Stammsitz in einem gleichnamigen Dorf bei Nauen hatten. Das Gutshaus ist heute in Privatbesitz, der dazugehörige 2 **Landschaftspark** ist von den Besitzern saniert worden und ein Teil für die Öffentlichkeit zugänglich. Bemerkenswert ist ein kleines, altes Haus rechts an der Ecke vor Schloss und Park. Das 2 **Fintelmannhaus** war im 18. Jahrhundert das Wohnhaus des Gutsgärtners. Fintelmann nahm später eine Stelle als Gärtner im Schloss Charlottenburg an, auch seine Nachfahren wirkten in den Schlössern und Gärten von Berlin und Potsdam.

Fintelmannhaus in Senzke

Wir empfehlen, ein kurzes Stück vom Havellandradweg abzuweichen und ab ***Knoten*** *94 in Senzke geradeaus nach Wagenitz (****Knoten*** *42) zu fahren. Von dort geht es rechts weiter auf dem Karlsauer Weg durchs Luch und an dessen Ende rechts auf ruhiger Straße nach Paulinenaue (****Knoten*** *95), wo wir wieder auf den Havellandradweg treffen.*

Wagenitz bietet etwas, was oft fälschlich als 3 **Schwedenturm** bezeichnet wird. Das ist aber in Wahrheit nur der **Schornstein** des 1945 zerstörten Schlosses derer von Bredow. Ein kegelförmiger (!) Bau von 1568, das klingt ja sehr spannend. Heute ist die Stelle ein netter Picknickplatz.

Im Gutspark von Wagenitz

Interessant ist auch, wenige Meter weiter dem Hinweis auf den alten 3 **Schlosspark** der Bredows zu folgen: Dieser verwunschene Park ohne Schloss ist echt eine Entdeckung. Die Teiche waren zumindest 2022 trocken gefallen, aber noch gut zu erkennen.

Vom Betonplattenweg von Wagenitz durchs Luch in Richtung Paulinenaue lassen sich oft im Frühling und Herbst **Kraniche** beobachten. Aber das ist meist Glückssache. Auch bei Vögeln ändern sich die populären Orte schnell und wir finden sie manchmal an Stellen, wo wir sie nie vermutet hätten.

Paulinenaue entstand, weil ein cleverer Gutsbesitzer Mitte des 19.Jahrhunderts nur Ländereien für den Bau der Bahnstrecke Berlin – Hamburg, rausrückte, wenn er dafür einen Bahnhof bekommt. Den bekam er, und drumherum entstand der Ort. Das klassizistische Bahnhofsgebäude steht leider seit Jahren leer.

*Mit dem **Knoten** 90 erreichen wir **Ribbeck**.*

Schloss in Ribbeck

Herr von Ribbeck auf Ribbeck im Havelland,
Ein Birnbaum in seinem Garten stand, …

Fontanes bekannte Ballade über den freundlichen Gutsherren, der die Dorfkinder mit Birnen versorgte. wurde vielen Generation in der Schule beigebracht. Sie geht noch lange weiter und endet damit, dass aus dem Grab ein Birnbaum wächst. Nun wo steht der Baum? In der Dorfkirche, aber: der Baum wurde seit 1911 bereits zweimal ersetzt und gibt optisch wenig her.

Auch das 4 **Herrenhaus** ist stark überformt. Das wird dann wieder im Inneren der Dorfkirche wett gemacht, denn hier wird der Stumpf des alten Birnbaums aufbewahrt.

*Die letzte Etappe von Ribbeck nach Nauen (**Knoten** 14) folgt der Havellandradweg wieder der alten Kleinbahntrasse.*

Früher haben wir oft von Nauen gehört, denn vom ehemaligen Funkamt wurde zweimal täglich das **Zeitzeichen** gesendet, damit man seine Uhren stellen konnte. Heute sendet die **Deutsche Welle** aus dem Muthesius-Bau. Damit ist es der älteste noch bestehende Sender der Welt. Die Sendestation liegt nordöstlich außerhalb der Stadt, die Türme sieht man von weitem.

Das Mittelalter fehlt, von der Kirche abgesehen, fast komplett in Nauen. Denn Nauen teilt das Schicksal der Städtchen, die im Mittelalter komplett abgebrannt sind. Es ist nachweislich alt, aber es gibt wenig aus ganz alter Zeit. Hässlich oder modern ist es deswegen auch nicht, eher eine gründerzeitliche Stadt auf einem mittelalterlichen Grundriss. Und die alten Glocken der Pfarrkirche? Die schweigen leider, denn sie wurden zu U-Booten eingeschmolzen.

Schön fanden wir die Goetheoberschule in der Parkstraße, die ist von Max Taut erbaut und mittlerweile saniert.

Unser Ziel, der Bahnhof von Nauen, liegt rechts neben der Dammstraße an der Bahnstrecke Hamburg-Berlin.

Reisemobilstellplätze an oder nahe der Route:

Wohnmobilstellplatz Rathenow
Baustraße 15

Auf dem Bahndamm der Stillen Pauline

Herrlich rollt es sich auf Bahndammradwegen

Streckentour von Paulinenaue nach Neuruppin

Eine der stillgelegten Bahnstrecken durchs freie flache Havelland führt uns in die einzigartige, helle Stadt Neuruppin, die um 1800 nach einem Brand komplett neu entstand.

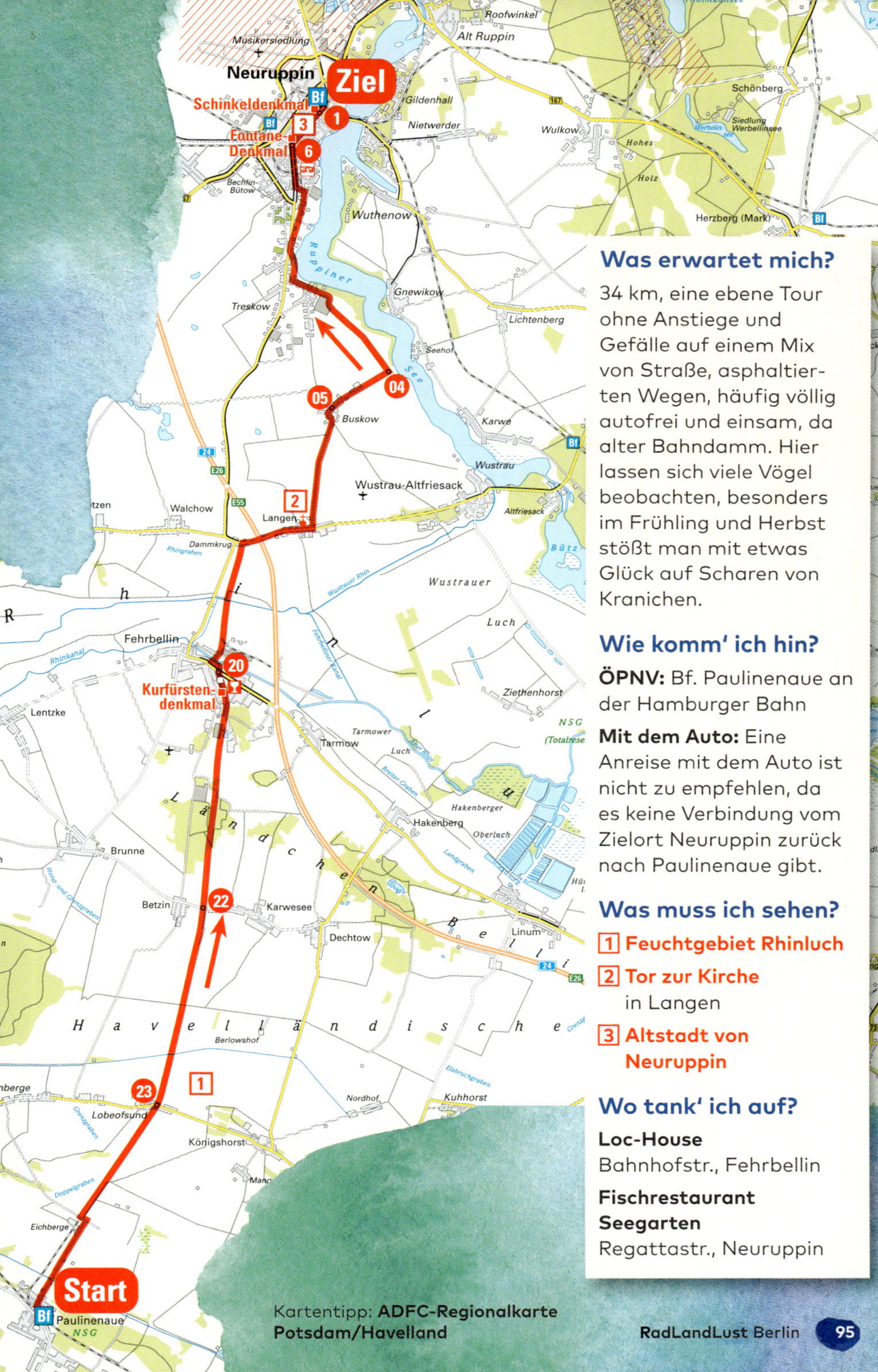

Was erwartet mich?

34 km, eine ebene Tour ohne Anstiege und Gefälle auf einem Mix von Straße, asphaltierten Wegen, häufig völlig autofrei und einsam, da alter Bahndamm. Hier lassen sich viele Vögel beobachten, besonders im Frühling und Herbst stößt man mit etwas Glück auf Scharen von Kranichen.

Wie komm' ich hin?

ÖPNV: Bf. Paulinenaue an der Hamburger Bahn

Mit dem Auto: Eine Anreise mit dem Auto ist nicht zu empfehlen, da es keine Verbindung vom Zielort Neuruppin zurück nach Paulinenaue gibt.

Was muss ich sehen?

1 **Feuchtgebiet Rhinluch**

2 **Tor zur Kirche** in Langen

3 **Altstadt von Neuruppin**

Wo tank' ich auf?

Loc-House
Bahnhofstr., Fehrbellin

Fischrestaurant Seegarten
Regattastr., Neuruppin

Kartentipp: **ADFC-Regionalkarte Potsdam/Havelland**

*Wir verlassen den Bahnsteig von Paulinenaue direkt in Richtung **Knoten** 23 und fahren weiter nach Norden über den **Knoten** 22 nach Fehrbellin (**Knotenpunkt** 20). Die Strecke ist zu 90% autofrei und einsam.*

Tipp:s Fernglas mitnehmen um die Vögel im Luch zu beobachten. Vor Antritt der Tour auf die Windrichtung achten, Tour geht von Süd nach Nord.
Die Tour lässt sich mit der Tour Havellandradweg (siehe Tour 11) Richtung Nauen oder Rathenow verbinden.

Nach dem Start am Bahnhof Paulinenaue fahren wir ein kurzes Stück auf ruhiger Straße. Dann wechseln wir auf den **Bahntrassenradweg**, der einstigen Bahnstrecke von Paulinenaue nach Neuruppin, im Volksmund auch „Stille Pauline" genannt. Fontane beschrieb die 1880 eröffnete Strecke als eine „mit drei Lokomotiven befahrene strada ferrate [...]", ein eingleisiger, fast wie mit dem Lineal gezogener Schienenweg" Es war die erste Eisenbahnstrecke, die Neuruppin erreichte. Später gab es kürzere Verbindungen zwischen Berlin und Neuruppin und die Paulinenauer Strecke verlor an Bedeutung.

Zwei große **Luchgebiete**, also (ehemalige) Feuchtgebiete, durchqueren wir heute: erst das Havelländische Luch, dann das **1 Rhinluch**. Östlich unserer Route liegt die Ortschaft Königshorst. Solche Namen verraten schon: es war das Königs Wille, hier etwas zu schaffen. In der Barockzeit wurde der große **Havelländische Hauptkanal** eingerichtet, den wir am Anfang unserer Strecke überqueren. Durch solche Kanäle wurde die Gegend trockener und befahrbar. Nach holländischem Vorbild sollte in Königshorst in großem Maße Milchwirtschaft betrieben werden. Im Volksmund nennt sich die Ansiedlung des Königs immer noch die **Butterakademie**. Nach mehreren trockenen Sommern sind die alten Probleme kaum noch nachzuvollziehen, man freut sich eher, dass es hier im Luch noch etwas grüner ist als oben auf den Kuppen und Dünen.

In Fehrbellin ist im alten Bahnhof eine Gaststätte direkt am Radweg entstanden.

Auch Fehrbellin hat ein **Denkmal** für den Großen Kurfürsten, denn hier war es, wo die plündernden Schweden trickreich in den Sumpf getrieben wurden. Die kurfürstlichen Reiter nutzten Nacht und Nebel und vor allem den Frühjahrsmodder, um die Schweden zu überraschen. Deren schwere Infanterie konnte sich im weichen Luchboden schlecht bewegen, da fiel es gar nicht auf, dass der Kurfürst seine Infanterie noch gar nicht zur Stelle hatte und zahlenmäßig unterlegen war. Außerdem waren die Brandenburger zu Recht sauer, weil die Schweden alle Kühe geraubt hatten. Aber weder die Kühe noch die Kanonen kamen im Matsch schnell voran. Der mutige und schnelle Angriff im Morgengrauen war eine etwas trickreiche Taktik, die gegen den damals noch üblichen offenen Feldkampf erfolgreich war. Das Denkmal ist aber natürlich nicht so groß und toll wie das in Rathenow.

*In Fehrbellin passieren wir den **Knoten** 20 und halten uns an die Beschilderung Neuruppin über den **Knoten** 5 . Hinter Fehrbellin fahren wir noch einmal auf dem alten Bahndamm weiter. Jetzt kommt das schönste Stück mit der Querung des Rhinkanals.*

Wir befinden uns in einer Natur, wo manche Städter von der „Unberührtheit" schwärmen. Das ist natürlich so nicht ganz richtig, in Deutschland ist wenig unberührt. Hier im wertvollen Biotop des **Rhinluchs** hat der Mensch sogar sehr intensiv eingegriffen. Jahrhunderte war der Mensch stolz, das Wasser zu regulieren. Ein Blick auf die ADFC Potsdam-Havelland Karte zeigt: am Rhinkanal links von Fehrbellin zeigt ein Pfeil nach Westen, das ist die historische Fließrichtung zur Unterhavel hin. Es gib aber in Fehrbellin eine Stauhaltung, die die Fließrichtung des Kremmener Rhin umgedreht hat. Dort fließt jetzt das meiste Wasser Richtung Oberhavel bei Oranienburg. In Brandenburg gibt es öfters solche Eingriffe des Menschen, so schuf er im Unterspreewald

Weit streift der Blick über den ruhigen Ruppiner See

eine künstliche Bifurkation (Zweiteilung) der Spree, um der Dahme etwas mehr Wasser zukommen zu lassen. Gerade wegen des Wasserstaus lieben die Zugvögel diese Gegend. Auch im Gebiet des Rhinluchs lassen sich gut Vögel beobachten. (Hinweise dazu siehe Tour Havellandradweg, Tour 11.)

Das Portal zum Kirchhof in Langen

*Rechts über die Autobahn müssen wir ein Stück auf der Landstraße fahren, hinter Langen halten wir uns links zu den **Knoten** 5 und 4.*

Die **Kirche** von Langen ist schon von weitem in der flachen Landschaft zu sehen. Entworfen hat den Bau im italienischen Stil Friedrich August Stüler. Dazu gehört direkt an der Straße auch ein eindrucksvolles [2] **Portal** zum Kirchhof.

Hinter Buskow erreichen wir beinahe den **Ruppiner See**, der Weg führt oben auf der Höhe beschildert nach Norden auf die Stadt zu. Wer baden möchte, ist gut beraten in die Sackgasse reinzufahren, da befindet sich eine schöne Badestelle mit schattigen Bäumen.

*Schön ruhig fahren wir weiter zum **Knoten** 6 in Neuruppin und von dort zum **Knoten** 1 am Bahnhof Rheinsberger Tor, unserem Ziel der Tour.*

Reisemobilstellplätze an oder nahe der Route:

Lindholzfarm
Paulinenaue

Beim Sporthotel Neuruppin
Trenckmannstraße 14, Neuruppin

Fontane vergleicht seine Geburtsstadt Neuruppin mit „einem auf Zuwachs gemachten Staatsrock, in den sich der Betreffende, weil er von Natur aus klein ist, nie hineinwachsen kann."

Na, das ist ja eine vernichtende Aussage zu dieser weiten, sauberen und lichten Stadt. Wie kommt es dazu? 1887 brennt fast die ganze Stadt ab und bei ihrem Wiederaufbau wurde alles unternommen, damit das nicht wieder geschehen kann. Da man damals noch keine Brandwände in den Dächern kannte, das Feuer sich also von Dach zu Dach ausbreitete, bedeutete der Schutz einfach Distanz.

Das [3] **Zentrum Neuruppins** ist keine Kirche, sondern gemäß den humanistischen Idealen der Zeit eine **Schule**, darauf prangt gülden: „Den Bürgern der kommenden

Blick auf die Marienkirche in Neuruppin

Generation" – natürlich auf Latein. Hören wir, was Fontane dazu sagt: „das einzig unregelmäßige...seien die unregelmäßigen Verben in dieser Schule gewesen."

Sein Denkmal liegt direkt auf unserer Tour, ebenso das **Geburtshaus** Fontane's – es ist die zentrale Löwenapotheke in der Karl-Marx-Straße. Was er wohl zu dieser Straßenbenennung gesagt hätte?

Auch **Schinkel** lebte hier, daher ist auch ihm ein Denkmal gewidmet. Berliner wird es freuen: in seiner rechten Hand flattert der Plan des Berliner Schauspielhauses.

Die Fischbänkenstraße ist eine der Straßen, deren Namen schon verrät: Neuruppin liegt am Ufer eines Sees. Was aber nicht klappt ist, einen sunset über dem Wasser zu erleben, denn der See liegt im Osten der Stadt und außerdem ist es einer der typischen schmalen langen Rinnenseen, die uns die Eiszeit hinterlassen hat.

Im **Neuruppiner Museum** in der August-Bebel-Straße befindet sich eine große Sammlung alter Stadtansichten, Revolutionen, berühmter Liebschaften, kleiner Katastrophen und die bunte Welt der Neuruppiner Bilderbogen (Einblattdrucke des 18./19. Jhds).

Fontane-Denkmal in Neuruppin

Der Bahnhof Rheinsberger Tor ist auch Sitz des Tourismusbüros. Von hier aus fahren die Züge direkt nach Berlin, aber nicht mehr über Paulinenaue.

Schloss Rheinsberg

Zwei Musenschlösser zwischen den Seen

Rundtour von Rheinsberg über Lindow und Gransee

Rheinsberg war das Schloss Heinrichs, des Bruders vom Alten Fritz, der recht offen eine Beziehung zu einem Major von Kapphengst pflegte, dem er Meseberg zum Geschenk machte. Das Schloss Rheinsberg ist ein Museum. Meseberg sehen wir nur von außen, heute ist es das Gästehaus der Bundesregierung. Dafür haben wir in Menz noch ein Naturparkhaus.

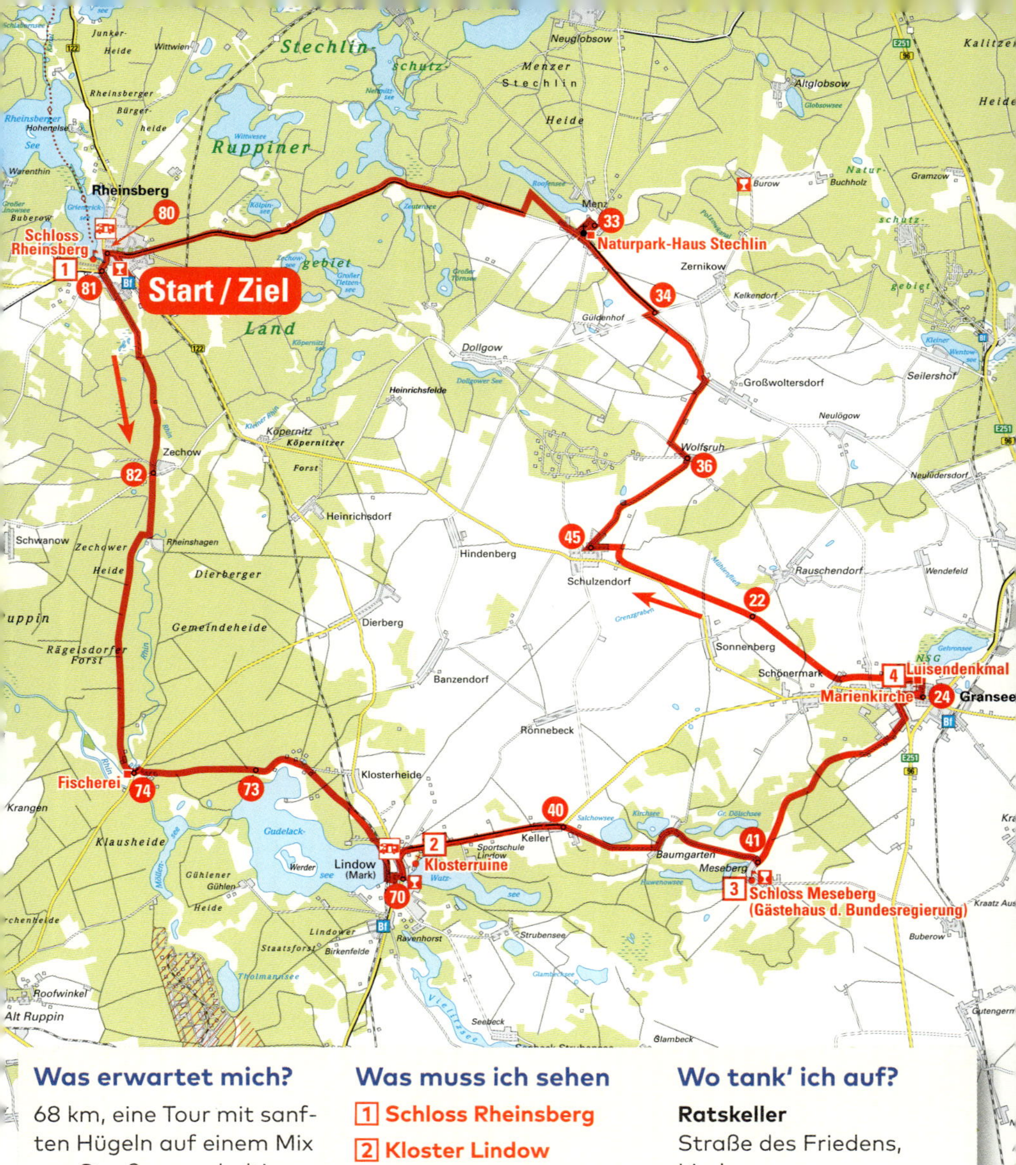

Was erwartet mich?

68 km, eine Tour mit sanften Hügeln auf einem Mix von Straßen, asphaltierten Wirtschaftswegen, naturbelassenen Wegen und Pfaden.

Wie komm' ich hin?

ÖPNV: Rheinsberg RB55

Mit dem Auto:
B122/Berliner Straße

Was muss ich sehen

1. Schloss Rheinsberg
2. Kloster Lindow
3. Schloss Meseberg
4. Luisendenkmal und Kirche Gransee

Wo tank' ich auf?

Ratskeller
Straße des Friedens, Lindow

Dorfkrug Meseberg
Meseberg

Zum Birkenho
Waldstr., Großwoltersdorf

Zum Alten Brauhaus
Rhinhöher Weg, Rheinsberg

Kartentipp: **ADFC Regionalkarte Mecklenburger Seenplatte + Potsdam/Havelland**

Tour 13

Tipp: Bahnanreisende von/nach Berlin können diese Runde auch mit Start und Ziel in Gransee absolvieren, dorthin fahren mehr Züge als nach Rheinsberg und es geht schneller.

Tourstart

*Vom Bahnhof fahren wir mit dem Rad die Berliner Straße stadteinwärts und an der Schlossstraße links bis wir an den dreieckigen Platz mit der Postmeilensäule im Zentrum von Rheinsberg (**Knoten** 80) kommen. Hier biegen wir links ab zum **Knoten** 81.*

Die schöne Nonne im Lindower Wutzsee floh aus dem Kloster, der Liebe wegen

Das 1 **Schloss Rheinsberg** mit seinem Park liegt in reizvoller Lage am Grienericksee. Im Mittelalter war es eine alte Wasserburg. 1736 zog der junge Kronprinz Friedrich, der spätere Friedrich der Große, mit seiner Frau in den südlichen Flügel des Schlosses. Friedrich meinte, er hätte hier die glücklichste Zeit seines Lebens verbracht. Später wohnte sein jüngerer Bruder Heinrich dort. Das Schloss ist heute wieder Museum und zeigt, wie in den wenigen Jahren sich schnell die Mode vom Rokoko zum Klassizismus änderten.

Auch im Park haben wir wieder beide Stile, den Rokoko noch in der Freitreppe und den Klassizismus in Heinrichs Grabpyramide.

Jedes Jahr im Juli und August findet das Festival „Kammeroper Schloss Rheinsberg" im Schloss statt, auch in der Kirche der Stadt gibt es regelmäßig Sommerkonzerte. Die Kirche stammt aus dem 13. Jahrhundert. Von außen ist sie eher unscheinbar, ist aber für ihre Renaissance-Ausstattung berühmt.

Auf dem alten Bahndamm bei Gransee

Am Ausfluss des Rheinsberger Sees nahe des Schlosses ist eine Brücke, die durch Kurt Tucholsky bekannt wurde. Hier spielt sein „Rheinsberg: ein Bilderbuch für Verliebte".

Dem Wasser folgen wir in der nächsten Zeit, es ist der Rhin. Der Name „Rhin" ist vermutlich nicht slawisch, sondern stammt vom lateinischen „Rhenus", Fluss. Wahrscheinlich brachten niederländische Siedler ihn vom Rhein mit. Die Landschaft ist traumhaft, Wälder, Wasser und Hügel. Im Sommer ist der Rhin zwischen Rheinsberg und Zippelsförde auch ein beliebter Paddelfluss.

*Vom Schloss (**Knoten** 81) fahren wir über Parkstraße und Lindenstraße rhinabwärts zum **Knoten** 82 in Zechow und weiter zum **Knoten** 74 in Zippelsförde. Über den **Knoten** 73 fahren wir nach Lindow mit dem **Knoten** 70.*

Klosterruine in Lindow

In Zippelsförde gibt es eine Fischerei und leckere frische Fischbrötchen.

Lindow nennt sich auch das märkische Interlaken wegen seiner traumhaften Lage zwischen Guddelacksee im Westen und Wutzsee im Osten. Sehr hübsch ist ein Rundgang im alten Klostergarten des ehemaligen 2 **Nonnenklosters Lindow** am Wutzsee. Das Kloster ist eine gotische Anlage, die allerdings im Dreißigjährigen Krieg größtenteils zerstört wurde. Die Ruinen der alten Mauern wirken heute sehr romantisch.

Überrascht waren wir, dass es im Ratskeller der Stadt leckere moldawische Spezialitäten gab – eins von ganz wenigen moldawischen Restaurants in Deutschland. Brandenburg profitierte schon seit den Hugenotten von gastronomischen Einwanderern.

*Lindow verlassen wir nach rechts über die Granseer Straße und rollen über den **Knoten** 40 zum **Knoten** 41 in Meseberg.*

Schloss Meseberg

Meseberg ist bekannt durch das 3 **Schloss** des Major Kaphengst, der mit Prinz Heinrich befreundet war. Heinrich machte Kaphengst zu seinem Adjutanten, „wozu", so schrieb Fontane, „ihn seine geistigen Gaben keineswegs befähigten". „Kaphengst", so Fontane, „beherrschte nun den Hof und den Prinzen selbst, dessen Gunstbezeugungen ihn übermütig machten". Bruder Friedrich missbilligte, was Heinrich so in Rheinsberg tat, dieser entließ Kaphengst offiziell aus seinen Diensten, schenkte ihm aber Schloss Meseberg. Erhalten ist die geheime Wendeltreppe zwischen den Schlafzimmern des Hausherrn und dem Gästezimmer, in dem sein prinzlicher Gönner eigentlich offiziell schlafen sollte.

Näher besichtigen können wir es nicht. Das Schloss ist heute Gästehaus der Bundesregierung. Chirac, Barroso, Sarkozy, Prodi, Bush, Putin, Cameron, Macron und viele andere Staatsgäste weilten hier. Der Ort ist idyllisch gelegen und das Schloss hat direkten Zugang zum Huwenowsee, ein Stück daneben darf aber auch das Volk ans Wasser.

Reisemobilstellplätze an oder nahe der Route:

Alte Kirschenallee
Rheinsberg

Weißer Strand
Am Gudelacksee, Lindow

*Die Tour führt jetzt weiter vom **Knoten** 41 nach links zum **Knoten** 24 in Gransee.*

Die 4 **Marienkirche** orientiert sich an der Prenzlauer Marienkirche, erreicht aber nicht ganz das Niveau. Aber Zweiturmfassade im Westen und Schaugiebel im Osten finden wir auch hier. Im Inneren bemerkenswert ist eine hochgotische Triumphkreuzgruppe. Vom Turm können wir schön auf Stadt und Umgebung herunterschauen. Von oben sieht man wunderbar den erhaltenen mittelalterlichen Stadtgrundriss. Die Stadtmauer ist zu großen Teilen noch vorhanden, ebenso das Ruppiner Tor.

Im Jahr 1810 verstarb die damals sehr populäre preußische **Königin Luise** in ihrer mecklenburgischen Heimat. Ihr Leichnam wurde unter großer Anteilnahme des Volkes nach Berlin überführt. Auch in Gransee wurde sie für eine Nacht aufgebahrt. Daran erinnert das von Schinkel entworfene 4 **Denkmal** von 1811 auf dem damaligen Marktplatz, der heute nach Schinkel benannt ist. Über dem Sarkophag steht ein Baldachin aus Eisenkunstguss, es ist damit unübersehbar.

Denkmal für Königin Luise in Gransee

*Vom **Knoten** 24 fahren wir links und treffen hinter dem Franziskanerkloster auf einen alten Bahndamm. Diesem folgen wir nach links über den **Knoten** 22 zur 45 in Schulzendorf. Nach rechts weiter noch teilweise auf dem Bahndamm zu den **Knoten** 36 und 34. Mit dem **Knoten** 33 erreichen wir Menz.*

Hinter Gransee haben wir ein Stück sehr bequemen Wegs auf einer alten Bahntrasse. Sie gehört zur **Stechlinseebahn**, die in zwei Ästen von Gransee und Lindow kommend Menz und Neuglobsow am Stechlinsee verband. Sie gab es nur wenige Jahre, von 1930 bis 1945. Nur ein kleiner Abschnitt von Gransee aus wurde für die Armee noch bis nach 1990 betrieben.

Die **Menzer Dorfkirche** ist eine spätgotische Feldsteinkirche von 1585, die um 1900 erweitert wurde.

Im 680 qkm großen **Naturpark Stechlin-Ruppiner-Land** leben nur 25 Menschen auf einem Quadratkilometer. Dafür kommt die Buche noch auf 25 % der Fläche vor, so etwas findet man selten in Deutschland. Die Buchen haben hervorragende Eigenschaften für das Wasser und so findet sich die Hälfte aller Brandenburgischen Klarwasserseen in diesem Bereich. Das **Naturparkhaus Stechlin** in Menz gibt viele weitere Informationen.

*Vom **Knotenpunkt** 33 radeln wir straßenbegleitend wieder nach Rheinsberg Richtung **Knoten** 80. Noch vor dem **Knoten** 80 biegen wir links ab in die Berliner Straße und erreichen den Bahnhof, unseren Ausgangspunkt.*

Der Stechlinsee liegt noch weiter nördlich von unserem Weg, aber einige kleinere Seen finden sich in der Nähe unserer Route. In Rheinsberg gibt es viele Möglichkeiten zu einer Stärkung nach der Tour oder für einen gemütlichen Tourabschluss am See. Achten Sie darauf, rechtzeitig am Bahnhof zu sein. So viele Züge fahren hier nicht.

Tour 14

↑ Stechlinsee

Zum glasklaren Stechlinsee

52 km

Rundtour von Fürstenberg über Neuglobsow, Dannenwalde und Himmelpfort

Der Stechlinsee ist sicherlich der schönste und berühmteste der vielen Seen, die wir auf dieser Tour sehen werden. Wasser, tiefe Wälder und Natur pur. Eine Tour für die Seele...

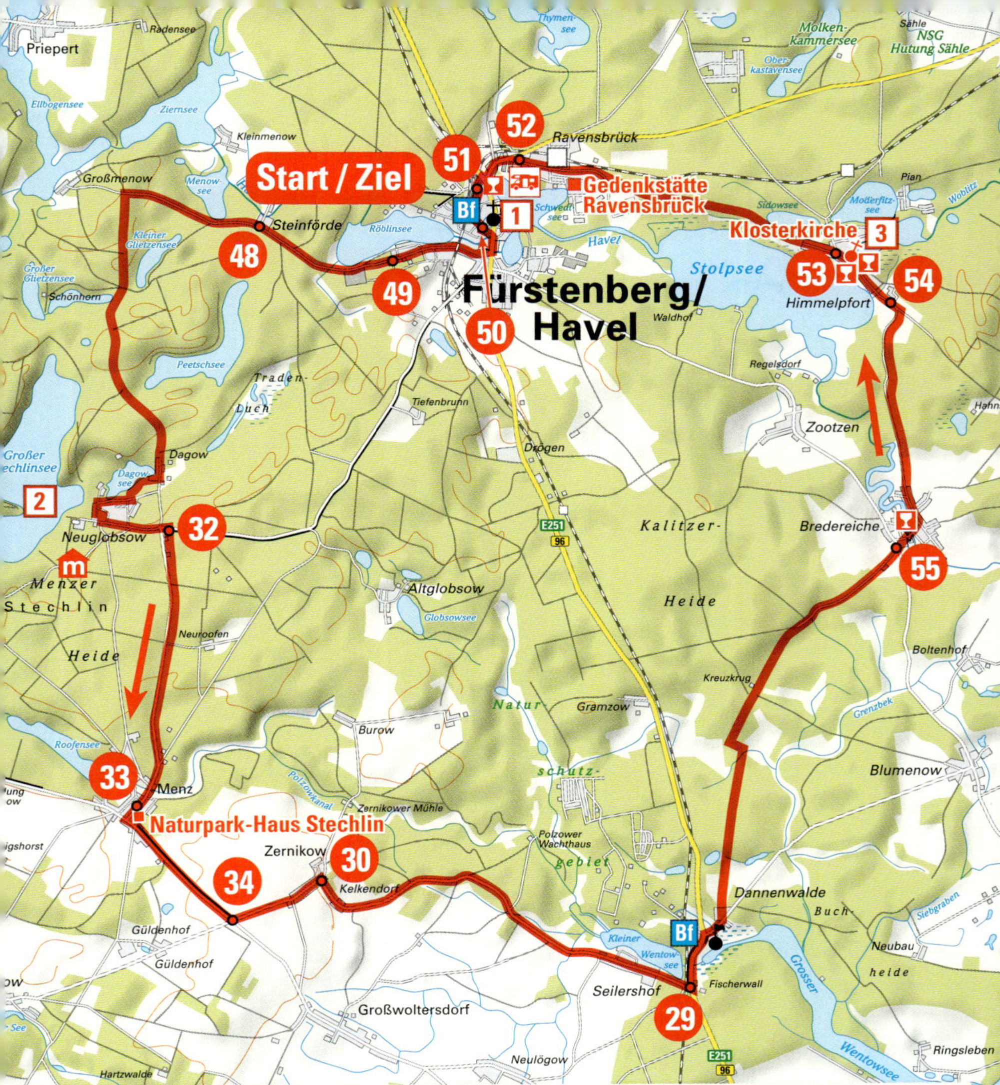

Was erwartet mich?

52,4 km, eine Rundtour durch den brandenburgischen Teil der großen Seenplatte nördlich von Berlin, viele Wälder, Hügel und Seen. Einer davon ist der berühmte Stechlinsee mit seinem glasklaren Wasser.

Wie komm' ich hin?

ÖPNV: Regionalexpress RE 5

Mit dem Auto: Bundesstraße 96, Parkmöglichkeit am Bahnhof

Was muss ich sehen?

1 **Kirche Fürstenberg**

2 **Stechlinsee**

3 **Kloster Himmelpfort**

Wo tank' ich auf?

Gaststätte Templiner Hof
Unter den Linden, Fürstenberg

Bootshaus an der Havel
Bredereiche

Gastgarten am Mühlenfließ
Himmelpfort

An der Schleuse
Himmelpfort

Kartentipp: **ADFC Regionalkarte Mecklenburgische Seenplatte**

Tour 14

Das barocke Schloss in Fürstenberg ist erst zum Teil saniert

Tourstart

Wir beginnen am Bahnhof Fürstenberg (Havel) und fahren über den ***Knoten*** *50 auf der Bahnhofstraße in die Innenstadt. Das Pflaster ist holprig, aber es ist nur ein kurzes Stück. Ein paar Meter müssen wir uns rechts den Weg mit der Bundesstraße 96 teilen. Nach zwei Brücken über die Havel biegen wir rechts ab und folgen der Beschilderung des D11 bzw. Radwegs Berlin-Kopenhagen über den* ***Knotenpunkt*** *49 nach Steinförde (****Knoten*** *48).*

Stadtkirche von Fürstenberg

Das **Bahnhofsgebäude** von Fürstenberg (Havel) wurde Ende der 2010er Jahre von Privatpersonen übernommen, die es nach und nach mit neuem Leben füllen. Ein Café und einige Übenachtungsbetten gibt es hier schon.

Der Bahnhof liegt nicht weit vom Zentrum der kleinen Stadt, die offiziell Fürstenberg/Havel heißt. Der kleine Unterschied in der Schreibweise von Bahnhofs- und Stadtnamen muss uns nicht weiter kümmern, einfach Fürstenberg reicht. Die Stadt liegt zwischen mehreren Havelarmen, an vielen Stellen finden sich idyllische Winkel am Wasser. Sehenswert ist ein barockes **Schloss** etwas nördlich der Altstadt. Die markante 1 **Stadtkirche** ist ein neugotischer Bau. Der Architekt Friedrich Wilhelm Buttel war auch maßgeblich am Bau der 20 Kilometer nördlich gelegenen mecklenburgischen Residenz Neustrelitz beteiligt. Apropos, mecklenburgisch: auch Fürstenberg gehörte bis 1950 zu Mecklenburg. Die Grenzänderung aus DDR-Zeiten wurde auch nach der Wende nicht wieder rückgängig gemacht, so bleiben wir in Brandenburg.

Was sich allerdings nach 1990 geändert hat, ist, dass um Fürstenberg nicht mehr die sowjetische Armee sitzt. Dadurch können wir bequem südlich des Röblinsees fahren. Wobei es etwas kurios ist: fast überall nördlich von Berlin verlaufen Havelradweg und der Radweg Berlin-Kopenhagen auf der gleichen Trasse. Nur zwischen Fürstenberg und Steinförde nimmt der Havelradweg den Weg nördlich des Röblinsees, Berlin-Kopenhagen die südliche Variante. Egal, beide sind etwa gleich lang.

Die alte Eisenbahnfähre in Fürstenberg diente Militärtransporten unter Umgehung des Versailler Vertrags

*Hinter Steinförde (**Knoten 48**) fahren wir etwa zwei Kilometer weiter auf dem hier wieder gemeinsamen Weg Berlin-Kopenhagen/Havelradweg und biegen im Wald links in Richtung Dagow – Neuglobsow ab (der Weg ist als Nebenroute von Berlin-Kopenhagen beschildert). In Dagow biegen wir nach rechts in Richtung Neuglobsow ab, am Ende des Dorfes erreichen wir den Stechlinsee.*

Hinter Steinförde folgen wir ein Stück dem Radweg Berlin-Kopenhagen auf schöner, asphaltierter Trasse. Der folgende Waldweg links nach Dagow hat teils wassergebundene aber feste Decke. Vor allem wird es aber traumhaft schön und auch etwas hüglig. Es geht durch herrliche Mischwälder im Naturpark Stechlin-Ruppiner Land, besonders im Frühling und Herbst lohnt sich der Weg. Ab und an fällt der Blick auf kleine Seen links und rechts – in Dagow ist es der Dagowsee.

Der **2 Große Stechlinsee** (kurz: Stechlin genannt) ist ein besonderer und berühmter See! Mit 70 Meter Tiefe ist er der tiefste See Brandenburgs, der Boden des Sees liegt teilweise unter Meeresspiegelniveau. Fontane hat ihn sowohl in seinen Wanderungen durch die Mark Brandenburg beschrieben als auch als Titel für einen Roman verwendet. Der Name „Stechlin" soll sich von einem slawischen Wort für Glas herleiten. Das weniger, weil der See wirklich glasklar ist. Sondern weil sich um den See über Jahrhunderte Glasbläser ansiedelten. Daran erinnert ein kleines Museum in Neuglobsow.

Abendstimmung in Zernikow

Eine ganz andere industrielle Nutzung hatte der See zu DDR-Zeiten bekommen. Nicht weit vom See wurde das erste Atomkraftwerk der DDR gebaut. Das Kühlwasser wurde aus dem benachbarten Nehmitzsee gewonnen, das erwärmte Wasser dann in den Stechlin geleitet. Die Erwärmung des Sees hatte Auswirkungen für Flora und Fauna, mehrere Forschungseinrichtungen beobachten den See und achten darauf, dass sein Zustand stabil bleibt.

In Neuglobsow fahren wir über den Forststeig zurück zur Straße. Am ***Knoten*** *32 geht es rechts parallel zur Straße nach Menz (****Knoten*** *33), über die Kreuzung am* ***Knoten*** *34 links nach Zernikow (****Knoten*** *30) und rechts über Seilershof zur Bundesstraße 96, wo wir am* ***Knoten*** *29 wieder auf den Havelradweg/Berlin-Kopenhagen treffen. Diesem folgen wir links über Dannenwalde nach Norden.*

Reisemobilstellplätze an oder nahe der Route:

Marina,Fürstenberg

Wer auf dem Radweg nach Menz fährt, wird kaum ahnen, dass er sich hier auf einer alten **Bahntrasse** befindet. Hier fuhr die Stechlinseebahn von Gransee nach Neuglobsow, allerdings gab es sie nur sehr kurze Zeit, von 1930 bis 1945.

In Menz können wir uns im **Naturparkhaus Stechlin** in einer Erlebnisausstellung mit der Natur der Region vertraut machen. Von dort geht es auf ruhigen Straßen über Zernikow und Seilershof. Ein kurzes Stück müssen wir auf dem Havelradweg der Bundesstraße folgen, dann sind wir in Dannenwalde. Wer müde ist, kann von hier alle zwei Stunden per Zug entweder wieder nach Berlin oder nach Fürstenberg fahren. Als Pause kann man die Räder für ein paar Minuten stehen lassen und am Bahnhof ein paar Schritte auf dem **Barfußpfad** gehen. Im Ort gibt es ein großes, schlossartiges **Herrenhaus** mit zugehöriger Patronatskirche, die heute offiziell als Radfahrerkirche dient.

Dorfkirche Bredereiche

*Von Dannenwalde folgen wir weiter der Route auf dem Havelradweg/Berlin-Kopenhagen über Bredereiche (**Knoten 55**), Himmelpfort (**Knoten 54** und 53) und Ravensbrück (**Knoten 52**) zurück nach Fürstenberg. Der kürzeste Weg zurück zum Bahnhof führt vom **Knoten 51** an der Bahn entlang.*

Auf einem schönen ruhigen Radweg durch den Wald geht es nach Bredereiche, wo wir die Havel überqueren. Wir können uns auch Zeit lassen, uns nach der Brücke an die Havel setzen und dem Treiben an der Schleuse zuschauen. Von dort rollen wir entlang der Havel in einen Ort namens Himmelpfort. Der Name hat dem Ort nachhaltige Popularität beschert. Hier gibt es ein **Weihnachtspostamt**, jedes Jahr schreiben tausende Kinder hierher Briefe an den Weihnachtsmann.

Natürlich war nicht der Weihnachtsmann der Grund für den Ortsnamen, sondern ein mittelalterliches **3 Kloster**. Einige malerische Reste der Kirche sind erhalten geblieben. Auch vom einstigen Brauhaus (wobei man sich über die Ursprungsbestimmung des Gebäudes nicht so ganz sicher ist) gibt es noch eine Ruine.

Romantische Klosterruine in Himmelpfort

Auch Himmelpfort hat eine Schleuse, jedoch ist dort weniger los als in Bredereiche: die Schleuse liegt nicht an der Havel, sondern an der kleinen Woblitz, einem Abzweig zu den Gewässern um Lychen.

Schön in der Nähe des Wassers radeln wir weiter durch den Wald nach Fürstenberg. Ein paar Kilometer weiter stoßen wir auf eine **Gedenkstätte**, die an ein hässliches Kapitel der deutschen Geschichte erinnert. In Ravensbrück richteten die Nazis ein Konzentrationslager ein. Es war das größte Frauen-Konzentrationslager in Deutschland. 120.000 Frauen und Kinder waren hier zwischen 1939 und 1945 eingesperrt, später auch noch 20.000 Männer. Zehntausende wurden ermordet oder starben an den Entbehrungen. 1959 wurde die Mahn- und Gedenkstätte eingerichtet.

Hausboot im See von Lychen

Durch lichte Buchenwälder und vorbei an vielen Seen

Streckentour von Fürstenberg nach Angermünde

Welchen See hätten wir denn gern? Überall locken sie mit wunderbar klarem Wasser. Ausgedehnte Wälder geben im Sommer Schatten und kleine Städte wie Lychen, Templin und Angermünde bieten Kultur und Stärkung.

Was erwartet mich?

Eine 88,4 km lange Streckentour (in Templin in zwei Etappen teilbar, 40/48 km) auf herrlichen weitgehend autofreien, glatten Wegen durch die Natur. Der größte Teil der Tour verläuft auf der „Tour Brandenburg", einem der bekanntesten Fernradwege des Landes. Entsprechend finden wir vielerorts eine gute touristische Infrastruktur vor.

Wie komm' ich hin?

Start in Fürstenberg (Havel)
ÖPNV: Regionalexpress RE 5, Bahnhof Fürstenberg
Mit dem Auto: Bundesstraße 96, Parkmöglichkeit am Bahnhof
Start in Angermünde
ÖPNV: Regionalexpress RE 3, Bahnhof Angermünde
Mit dem Auto: A9 bis Joachimsthal, dann B198/B2, Parkmöglichkeit am Bahnhof

Was muss ich sehen?

1 **Lychen**, Kleinstadt zwischen den Seen mit alter Kirche

2 **Fachwerkkirche** im Grünen in Alt Placht

3 **Altstadt in Templin** mit Stadtmauer

4 **Altstadt in Angermünde** am Mündesee

Traumhafte buchengesäumte **Klarwasserseen**

Wo tank' ich auf?

Gasthof zur Linde
Gandenitzer Dorfstraße, Gandenitz

Gaststätte Grünling
Pestalozzistraße, Templin

Grambauers Kalit
Hoher Steinweg, Angermünde

Kartentipp:
ADFC-Regionalkarte Uckermark

Neue Radler-Allee bei Templin

Tourstart

*Wir beginnen am Bahnhof Fürstenberg (Havel) und fahren ein kurzes Stück bis zum **Knoten** 51. Den Schildern der Radrouten folgend, biegen wir nach rechts ab und fahren über Ravensbrück (**Knoten** 52) nach Himmelpfort (**Knoten** 53). Am **Knoten** 54 trennen sich die Radrouten. Wir folgen der Tour Brandenburg nach links in Richtung Lychen (**Knoten** 44), meist auf asphaltiertem Radweg durch den Wald. Die Route durchquert die Innenstadt von Lychen (**Knoten** 40) entlang von Straßen, bevor sie sich am **Knoten** 43 von der Hauptstraße trennt.*

Die Tour hat in Fürstenberg Anschluss zur Tour 14 sowie zum „Radweg Berlin – Kopenhagen" aus Richtung Norden.

Unser Startort Fürstenberg ist die Grenze des Naturparks „Uckermärkische Seen", den wir bis Templin durchqueren.

Von Fürstenberg geht es zunächst, wie in Tour 14 beschrieben, zur **Mahn- und Gedenkstätte Ravensbrück** und weiter in den schönen Ort Himmelpfort mit seiner Klosterruine. Idyllisch liegt das Dorf zwischen vier Seen, einer davon trägt den schönen Namen Moderfitzsee.

Auch der Kern der kleinen Stadt 1 **Lychen** liegt zwischen mehreren Seen, vom Markt und der **Kirche** aus gelangt man in alle Richtungen schnell ans Wasser. Man ahnt, warum die Stadt sich „Flößerstadt" nennt. Einst wurde das Holz aus der Umgebung so in die Stadt gebracht und von dort weiter transportiert. Ein kleines Museum erinnert an diese Tradition. Beeindruckend ist die große, **frühgotische Kirche** unweit des Marktes.

In der Stadt Lychen wurde etwas erfunden, was aus unserem heutigen Leben nicht mehr wegzudenken ist: die Reißzwecke. 1877 meldete der örtliche Uhrmacher August Kirsten ein Patent für eine Heftzwecke an. Sein Sohn Johann entwickelte die Reißzwecke weiter und verkaufte die Idee an einen örtlichen Fabrikanten. Dieser ließ sich die Sache patentieren und produzierte sie in seiner Firma. Damit wurde er reich.

Altes Sanatorium Hohenlychen

Haben wir die Innenstadt Richtung Süden verlassen kommen wir zunächst am **Besucherzentrum** des Naturparks vorbei, wo wir uns näher über die Region informieren können. Danach erreichen wir den Ortsteil **Hohenlychen**. Hier stoßen wir auf eine Reihe von imposanten, teilweise verfallenen Bauten von Anfang des 20. Jahrhunderts. Was hat es damit auf sich? Damals litten in den Großstädten viele an Enge und schlechter Luft. Krankheiten wie Tuberkulose verbreiteten sich. Dank der preußischen Sozialgesetzgebung entstanden an einer Reihe von Orten Lungenheilstätten. Auch Hohenlychen wurde eine solche, zunächst für Kinder, später auch für Erwachsene. Im Dritten Reich spezialisierte sich Hohenlychen mehr und mehr auf Sportverletzungen, auch Nazigrößen erholten sich hier. Im Zweiten Weltkrieg wurden die Heilstätten zum Kriegslazarett. Berüchtigt wurden sie, weil hier auch Menschenversuche stattfanden, neue Medikamente wurden an Häftlingen aus dem KZ Ravensbrück getestet.

Nach Kriegsende nutzte die sowjetische Armee bis 1993 das Gelände. Die Gebäude standen seitdem jahrelang leer, mittlerweile wurde ein Teil saniert und dort Ferienwohnungen eingerichtet.

Kirchlein von Alt Placht

*Hinter Hohenlychen folgen wir weiterhin der „Tour Brandenburg" zum nächsten größeren Etappenziel Templin. Auf unsere Route liegen die **Knoten** 20 (Alt Placht), 28 (Gandenitz) und 21 (Templin).*

Langgestreckte Seen, der **Zenssee** und später der **Platkowsee** liegen neben unserem Weg durch die Wälder. Ein pittoreskes 2 **Kirchlein** erwartet uns im winzigen Dorf Alt Placht. Die winzige Fachwerkkirche zwischen alten Bäumen wirbt damit, eine „Kirche im Grünen“ zu sein. Neben der Kirche lässt sich wunderbar rasten und einen Moment innehalten.

Weiter fahren wir auf guten, meist straßenunabhängigen Wegen über Gandenitz (mit Einkehrmöglichkeit), bis wir in Templin wieder ins städtische Leben tauchen. Man könnte sogar sagen: ins großstädtische Leben. Templin ist nämlich die achtgrößte Stadt Deutschlands. Jedenfalls, wenn man die Fläche betrachtet, die hier dank diverser Eingemeindungen so groß ist. Von der Einwohnerzahl natürlich nicht, da bleibt Templin eine Kleinstadt, wenn auch eine sehr ansehnliche.

Die mittelalterliche Straßenstruktur in der 3 **Altstadt** ist bis heute bewahrt. Die 1,7 Kilometer lange **Stadtmauer** ist fast vollständig erhalten ebenso mehrere alte Stadttore und Wiekhäuser in der Mauer.

*Von Templin fahren wir weiter auf der „Tour Brandenburg“, auf ruhiger glatter Strecke bis Ahlimbsmühle (**Knoten** 70), dann ein paar Kilometer bis Gollin (**Knoten** 26) bundesstraßenbegleitend. Danach weiter Richtung Friedrichswalde, nach Ortsdurchquerung links und weiter der „Tour Brandenburg“ folgend zum **Knoten** 52.*

Tipp: Wer die Tour verkürzen möchte: in Templin können wir sie beenden oder in zwei Abschnitte teilen. Die Stadt liegt ungefähr in der Mitte der Tour. Vom Haltepunkt Templin Stadt fahren die Züge der RB12 stündlich nach Berlin.

Hinter Templins Innenstadt folgt die Route einem langgestreckten See, in diesem Fall dem **Lübbesee**. Ein großes Ferienheim aus DDR-Zeiten am Ortsausgang ist erhalten geblieben und wird heute als Hotel genutzt. Wir durchqueren nun auf dieser Tourhälfte das Biosphärenreservat Schorfheide-Chorin.

Vor Gollin fahren wir ein paar Kilometer auf einem Radweg neben der Bundesstraße, dann tauchen wir wieder in ruhige Wälder ein. Wir haben die nördlichen Ausläufer der **Schorfheide** erreicht, ein riesiges Waldgebiet. Einst diente sie den hohen Herren aus der nahen

Hauptstadt als Jagdrevier. Kaiser Wilhelm II., Hermann Göring, Erich Honecker und so manche mehr gingen hier gerne auf die Pirsch.

Mittelalterliche Straßen von Templin

*Am **Knoten** 52 trennen wir uns von der „Tour Brandenburg". Wir folgen dann der Route „Historische Stadtkerne 1" bzw. der „Uckermark-Runde". In Glambeck (**Knoten** 53) geht es weiter über den **Knoten** 5 zum Wolletzsee.*

Weiter geht es durch die hüglige Landschaft der Uckermark und weiterhin liegen eine Reihe kleinerer Seen an unserem Weg. Wenn wir Glück haben, können wir vor allem im Frühling und Herbst auf Kraniche treffen. Zwei winzige, idyllische Dörfer liegen auf unserem Weg. In einem historischen Speicher in Parlow gibt es ein **Kranichinformationszentrum**. In Glambeck fällt ein **Taubenturm** an der Dorfstraße auf.

Der **Wolletzsee** ist der vorletzte von vielen großen Seen auf dieser Tour. Auf mehreren Abschnitten säumen wunderschöne Auenwälder sein Ufer. In der Nähe des Ortes Wolletz gibt es ein **Jagdschloss**, das von einem Industriellen in den 1930er Jahren gebaut wurde. Zu DDR-Zeiten kam es zu zweifelhaften Ehren: das Ministerium für Staatssicherheit unter Wilhelm Zaisser nutzte das Objekt als Gästehaus; Zaissers Nachfolger Erich Mielke später auch als privaten Jagdsitz.

Blumberger Mühle

*Wir folgen vom Wolletzsee weiter den Schildern zum **Knoten** 6 in der Nähe der Blumberger Mühle und über den **Knoten** 8 (Kerkow) zum **Knoten** 7. Dort halten wir uns rechts am Mündesee vorbei in Richtung **Knoten** 11 - in der Nähe liegt der Bahnhof, unser Ziel.*

*Wer es eilig hat, kann ab **Knoten** 8 straßenbegleitend direkt nach Angermünde fahren.*

Die **Blumberger Mühle** inmitten alter Fischteiche lohnt sich für eine Pause. Seit 1997 steht hier das NABU-Naturschutzzentrum für Besucher offen. Bis zur Wende

Wolletzsee

St. Marien-Kirche in Angermünde

war das Areal Staatsjagdgebiet und damit nur Funktionären und nicht der Öffentlichkeit zuganglich. Diese Abgeschiedenheit kam aber der Pflanzen- und Tierwelt zugute, um die Teiche hat sich eine einmalige Artenvielfalt entwickelt.

Der **Mündesee** ist der letzte der unzähligen Seen auf Tour. Er trägt natürlich seinen Namen von der Stadt Angermünde. Diese wiederum heißt nicht nach einem Fluss Anger, sondern weil die Stadt im 13. Jahrhundert von Siedlern aus Tangermünde in der Altmark gegründet wurde, die den Namen mitnahmen, nur das „T" fiel irgendwann weg.

Schön ist die kompakte **4 historische Altstadt**, dominiert von der gotischen **Marienkirche**, einem dreischiffigen Backsteinbau. Wer die „Heiden von Kummerow" von Ehm Welk kennt: Angermünde ist die Heimat des Schriftstellers, er wuchs im Ortsteil Biesenbrow auf, was Vorbild für Kummerow wurde. Das Heimatmuseum der Stadt erinnert auch an ihn.

Reisemobilstellplätze an oder nahe der Route:

Marina Fürstenberg
Ravensbrücker Dorfstr., Fürstenberg

Wurlsee-Camping
Strelitzer Straße, Lychen

Tour 16

Mitteltorturm in Prenzlau

48 km

Rundtour um die Uckerseen

Rundtour von Prenzlau über Potzlow, Warnitz und Seehausen

Es geht durch die Uckermark, eine schöne, hügelige und seenreiche Landschaft im Nordosten Brandenburgs. Dabei umrunden wir zwei große Seen, den Ober- und den Unteruckersee. Die Tour selbst ist weitgehend flach.

Was erwartet mich?

48 km, eine ebene Rundtour auf einem Mix von Straße, asphaltierten Wirtschaftswegen und einer Uferpromenade.

Wie komm' ich hin?

ÖPNV: RE3 zum Bahnhof Prenzlau

Mit dem Auto: A 20, Ausfahrt Prenzlau-Süd, Richtung Prenzlau, rechts B198

Was muss ich sehen?

1 **Marienkirche** Prenzlau

2 **Rolandstatue** von Potzlow

3 **Oberuckersee** unterhalb des Wildbergs

Wo tank' ich auf?

Deutsche Eiche
Lindenallee, Warnitz

Seehotel Huberhof
Dorfstraße, Seehausen

Anglerheim
Uferpromenade, Prenzlau

Seerestaurant am Kap
Uferpromenade, Prenzlau

Gaststätte zur Fischerstraße
Prenzlau

Kartentipp: **ADFC-Regionalkarte Uckermark**

Luther predigt vor der Prenzlauer Marienkirche

Tipp: Mindestens 15 Badestellen liegen heute am Weg, Badesachen lohnen also, denn nur eine ist ausdrücklich eine FKK-Stelle.

Tourstart

Wir radeln vom Bahnhof links auf die B109, an der nächsten großen Kreuzung rechts parallel zur Dr.-Wilhelm-Külz-Straße, zweite links durch die Altstadt, am Ende rechts auf die Vincentstraße und links zum ***Knoten 1*** *am Unteruckersee.*

Prenzlau war im Mittelalter neben Brandenburg (Havel) eine der mächtigsten Städte der Mark Brandenburg. Diese ganz große Bedeutung ist schon mehrere hundert Jahre Geschichte. Zudem wurde die Stadt im Zweiten Weltkrieg ganz heftig zerstört, was gravierende Folgen bis heute für das Stadtbild hatte. Aber dennoch lohnt es sich, hier genau hinzusehen.

Wir empfehlen durch die Friedrichstraße zu radeln, dann kommt man an einem prächtigen DDR-Kinopalast, dem **Union-Filmtheater**, vorbei.

Am Marktberg ragt die **1 Marienkirche** in den Himmel. Sie ist von außen eine der eindrucksvollsten Kirchen Norddeutschlands. Wir erreichen sie von Osten, und da wo sonst oft ein niedriger Chor ist, blendet uns die Kirche mit ihrer rot-weißen Schaufassade. 22 Meter hoch ist dieses gotische Meisterwerk des Glaubens. In dieser vom Krieg geschundenen Stadt ragt etwas auf, was den Glanz eines Rathauses mit der Macht einer Kirche vereint. Es lohnt in Höhe des Springbrunnens innzuhalten und diese Wucht und Pracht auf sich wirken zu lassen.

Prenzlauer Marienkirche

Ganz anders die **Westfassade** der Kirche, aus wuchtigen Feldsteinen. Wie kann so etwas sein? Eigentlich sehen wir hier zwei Kirchen zu einer vereint, denn die Westfassade stammt noch vom Vorgängerbau. Dessen östlicher Teil wurde 1325 abgerissen, um die Kirche größer und moderner aufzubauen.

Vor diesem alten stabilen Unterbau der Türme steht passenderweise auf dem Sockel einer Lutherstatue geschrieben: „Eine feste Burg". Sehr wirkungsvoll vor den nahezu unverwüstlichen Feldsteinen in einer ansonsten von der Wut des Krieges zerlöcherten Altstadt.

Das Innere ist zwar elegant, aber erschreckend kahl. Dies ist nicht religiösen Eiferern anzulasten, sondern schon den genannten Kämpfen mit der Roten Armee, bei denen die Stadt in Brand geriet. In den 1970er und 1980er Jahre wurde ein Teil der Zerstörungen beseitigt, so dass die Kirche wenigstens von außen wieder schön ist.

Am **Unteruckersee**, gibt es einen schönen Platz, wo die Ucker nach Norden aus dem See fließt. Hier finden wir eine weitere Kirche. Viel kleiner und unscheinbarer als die Marienkirche ist sie und wirkt richtig ländlich mit ihrem Fachwerkturm. Sie ist aber vermutlich die älteste Kirche der Stadt, auch wenn man nach einem Umbau um 1800 nur noch wenig davon sieht. Bemerkenswert ist ihr Name: **Sabinenkirche**. Gewidmet ist sie einem Heiligen, Sabinus von Assisi. Sie ist die einzige Kirche im gesamten deutschsprachigen Raum, die ihm gewidmet wird. Das Volk konnte mit dem Namen Sabinus wenig anfangen, so hat sich später die Sabine durchgesetzt.

Sabinenkirche an der Ucker

Zusammen mit der Beschilderung vieler großer Radfernweg fahren wir am Westufer des Unteruckersees nach Süden. Über den ***Knoten*** *81 steuern wir Potzlow an und bleiben auf der Prenzlauer Straße.*

Die erste **Badestelle** am Unteruckersee passieren wir auf Höhe des Dorfes Röpersdorf. Der Unteruckersee ist über 10 Quadratkilometer groß. Auch der zweite See, den wir auf unserer Tour umrunden, der **Oberuckersee**, ist mit fast 7 Quadratkilometern auch schon ganz stattlich. Beide werden durch den Fluss Ucker verbunden. Ein Stück nördlich von Prenzlau, an der Landesgrenze zu Mecklenburg-Vorpommern, wechselt er seinen Namen und heißt von dort an Uecker. Der Fluss gab nicht nur den beiden Seen seinen Namen, sondern der ganzen Region, der Uckermark.

Im Dorf Potzlow zwischen Unter- und Oberuckersee finden wir etwas Merkwürdiges: eine 2 **Rolandstatue**. Ein Roland ist ja eigentlich ein städtisches Symbol.

Roland-Statue in Potzlow

Das passt hier auch, denn Potzlow wurde 1239 als oppidum (Städtchen) urkundlich erwähnt und beherbergt seit 1307 eine Rolandstatue. Nun hat sich aber Potzlow nie groß entwickelt und insofern blieb es bei dieser Geste. Bereits 1608 verliert Potzlow schon wieder die Stadtrechte. Heute ist der Roland in seiner vierten Version eine sehr einfach Holzfigur. Potzlow liegt nicht direkt an einem der Uckerseen, sondern hat einen eigenen: den Potzlowesee, mit Badestelle.

*Über die **Knoten** 62, 61 und 60 erreichen wir den südlichsten **Punkt** unserer Tour und fahren links über Warnitz nach Norden zurück.*

Fergitz hat eine typische Dorfkirche mit einem Fachwerkturm. Aber anders als sonst in Brandenburg nicht aus Feldsteinen sondern aus Ziegeln. Dafür gibt es eine einfache Erklärung, der Ort ist von Sümpfen umgeben und darin versinken die Steine einfach.

Auch dieses Dorf hat wieder eine **Badestelle**, es ist unsere erste am 3 **Oberuckersee**. Danach bewegt sich der Weg ein paar hundert Meter vom See weg durch die Hügel, immer wieder gibt es schöne **Ausblicke**.

Hinter Suckow erreichen wir mit dem **Haussee** den vierten See unserer heutigen Tour.

Wem die Zeit durch Baden oder Pausen davon gelaufen ist, kann in **Warnitz** die Anbindung mit dem Zug nach Berlin nutzen.

*Weiter geht unsere Tour über die **Knoten** 84, 83 und 82 auf der Ostseite des Uckersees nach Norden. Wir halten uns immer links und begleiten den Unteruckersee bis Prenzlau (Richtung **Knoten** 1).*

Vor Seehausen umrunden wir den sumpfigen **Krummesee**. **Seehausen** bietet einen richtig bayerisch angehauchten Gasthof. Die Dorfkirche von Seehausen ist von unten an Fachwerk. Da sie keinen hohen Sockel hat,

Reisemobilstellplätze an oder nahe der Route:

Canoe & bike station Prenzlau
Neustädter Damm 17, Prenzlau

Alpacacamping
Oberuckersee

Oberuckersee

biegt sie sich ganz schön durch. Der Ort hat einen Bahnhof an der Strecke Berlin-Prenzlau und kann auch für eine vorzeitige Rückfahrt nach Berlin genutzt werden.

Hinter Seehausen geht es ein Stück etwas entfernt vom See durch die Hügel. Kurz vor Seelübbe biegen wir links ab, überqueren die Bahn und kommen wieder an den Unteruckersee mit einer Vielzahl von weiteren **Badestellen**, darunter einem FKK-Strand.

Wir sind jetzt auch auf der richtigen Seite, um den Sonnenuntergang überm Wasser zu erleben.

Am Kreisel beim Seepark halten wir uns rechts und kommen über Seeweg und zwei Mal links Steinstraße wieder ins Zentrum von Prenzlau. An der Hauptstraße rechts und hinter dem Stadtpark links, steuern wir wieder den Bahnhof an.

Im Süden des Stadtzentrums finden wir das frühere **Dominikanerkloster**. Das gotische Kloster hat die Kriegszerstörungen unbeschadet überstanden und ist in der Gesamtheit seiner Anlagen erhalten. Schon von außen lohnt sich die Besichtigung. Die **Klosterkirche** wird noch als Kirche genutzt. In der Klausur finden wir heute das kulturhistorische Museum, eine Bibliothek und ein Café.

Kloster Chorin

Barocker Kanal und Gotisches Kloster

Rundtour von Eberswalde über Niederfinow und Joachimsthal

Hier gibt es viel Natur und mit dem Werbellinsee einen sehr schönen Badesee. Das Besondere sind aber die vielen Geschichtszeugnisse unterwegs: das berühmte Kloster Chorin, der uralte Finowkanal und der Oder-Havel-Kanal mit dem Schiffshebewerk Niederfinow.

Was erwartet mich?

73 km, eine sportliche Rundtour mit einem Anstieg von 60 m nach dem Hebewerk auf einem Mix von Straßen, asphaltierten Radwanderwegen und gut präparierten Waldwegen.

Wie komm' ich hin?

ÖPNV: Eberswalde RE3 Richtung Berlin/Angermünde, RB24 Richtung Berlin-Ostkreuz, RB 60 Richtung Wriezen–Frankfurt (Oder), RB 63 Richtung Joachimsthal

Mit dem Auto: Bundesstraße B2 bzw. Autobahn A11 bis Finowfurt, dann B167

Was muss ich sehen?

1. **Historischer Finowkanal**
2. **Schiffshebewerk** Niederfinow
3. **Kloster Chorin**
4. **Werbellinsee**

Wo tank' ich auf?

Neue Klosterschänke
Chorin

Haus am Finowkanal
Bergerstraße, Eberswalde

Kartentipp: **ADFC-Regionalkarte Berlin u. Umgebung**

Tour 17

Tourstart

Wir starten am Hauptbahnhof Eberswalde am ***Knoten*** *87 und fahren rechts durch die Eisenbahnstraße ins Zentrum und zum Knoten 86.*

Eberswalde hat ein zum Namen passendes Wappen: zwei Keiler flankieren einen Baum. Lohnend in Eberswalde ist die Betrachtung des Portals der **Stadtkirche St. Maria-Magdalena**: figürlicher Terrakottaschmuck der Gotik ist hier erhalten, wenn auch nicht so fein gestaltet wie in anderen Gegenden. Gehen wir weiter um die Kirche herum, dann sehen wir am Nordportal das immer wieder zu findende warnende Motiv der törichten und der klugen Jungfrauen. Bemerkenswert ist auch der **Renaissance-Altar** in der Kirche.

Auf dem Marktplatz liegt ein Löwe von 1836, vermutlich dem Löwen auf dem Scharnhorstgrab in Berlin nachempfunden.

Vom ***Knoten*** *86 geht es am Finowkanal weiter über den* ***Knoten*** *88 zur 92.*

Das Gemälde „Das Walzwerk bei Eberswalde“ von Carl Blechen

Der 1 **Finowkanal** wurde im Barock begonnen, aber erst lange nach dem 30-jährigen Krieg befahrbar gemacht. Dennoch ist er die älteste noch in Betrieb befindliche Wasserstraße Deutschlands. Eindrücklich sehen wir dieses frühe märkische Industrieareal in einem Bild von Carl Blechen.

Das erste deutsche Normmaß für Schiffe hieß nach diesem Kanal: Finowmaß, 4,55 x 40,20 m. Heute freilich nutzen den Kanal nur noch kleine Boote, größere Schiffe den 1914 eröffneten parallelen Oder-Havel-Kanal.

Da die alte Oder hier schon fast auf Meeresspiegel steht und die Havel deutlich höher fließt, gilt es zirka 40 m zu überbrücken. Ursprünglich machte man das mit

Das neue Schiffshebewerk in Niederfinow beeindruckt ebenso wie das alte Werk daneben

einer Vielzahl von einzelnen Schleusen, dann mit einer Schleusentreppe und schließlich mit einem Hebewerk.

*In Niederfinow fahren wir weiter zum **Knoten** 21 am Hebewerk.*

Das 2 **Hebewerk** ist auch wieder das älteste noch aktive Hebewerk in Deutschland.

Der Fahrstuhl für Binnenschiffe überbrückt stolze 36 m Differenz. Die Idee, ein Schiff in den mit Wasser gefüllten Trog einfahren zu lassen, hat einen großen Vorteil: ein schweres Schiff verdrängt mehr Wasser als ein kleines, so lassen sich Tausende Tonnen mit 4 kleinen Motoren zu je 55 kW bewältigen. Nachteil war eher beim Bau, dass so viel Gewicht erst tief unter dem Meeresspiegel vernünftig abzupuffern war.

Kloster Chorin

Das Ganze hat von 1934 an anstandslos gehalten, erst 1984 war die große Inspektion nach einer halben Million Hebevorgängen fällig. Das geschützte Industriedenkmal funktioniert auch heute noch einwandfrei, ist aber zu kurz für die heutigen Schiffe, daher wurde ein größeres zweites Hebewerk daneben gebaut, das nach fast 16 Jahren Bauzeit 2022 in Betrieb ging.

*Wir fahren an beiden Hebewerken geradeaus weiter, an der Landstraße rechts und die nächste links in den unebenen Waldweg Richtung Sandkrug. Nach einem kurzen Anstieg gesellt sich wieder die Tour Brandenburg zu uns, mit der wir über die **Knoten** 85 und rechts ein kurzes Stück straßenbegleitenden Radweg das Kloster Chorin erreichen.*

1334 vollendete die Zisterzienser den Bau der 3 **Klosterkirche von Chorin**. Die Lage zwischen See und Wald ist überaus romantisch und die turmlose aber dennoch reich geschmückte Westfassade ein Höhepunkt der norddeutschen Backsteingotik. Der kleine spitze Dachreiter über der Vierung ist typisch für diesen Orden. Nach der Reformation verfiel die Anlage.

Die Ruine wurde im 19. Jahrhundert vom berühmten Architekten **Karl Friedrich Schinkel** gesichert und umgestaltet. Das ist so gut gelungen, dass der Dehio geradezu vom „edelsten Werk der Frühgotik" schwärmt.

Ein schönes Erlebnis sind die **sommerlichen Konzerte** in der Kirchenruine.

Vor der Kirche liegt ein kleiner Friedhof. Auf ihm sind vorwiegend Forstleute bestattet, aber wir finden hier auch das Grab von Max Taut, einer der berühmtesten Architekten der Moderne des 20. Jahrhunderts. Wie kam er dahin? Max Taut und sein Bruder Bruno heirateten zwei Schwestern, Töchter des Gastwirts der Klosterschänke. Max' Ehe hielt bis zu seinem Tod 1967. Er wurde dann von West-Berlin nach Chorin überführt.

*Die Beschilderung führt uns über den **Knoten** 83 rechts zum **Knoten** 82. Von hier aus geht es rechts bei Bedarf schnell zum Bahnhof Chorin.*

*Wir radeln jetzt schon eine ganze Weile auf der Tour Brandenburg, links weiter durch den Wald über Senftenhütte bis zum **Knoten** 10 in Althüttendorf. Jetzt geht es links sehr schön am Ufer des Grimnitzsees zum **Knoten** 50.*

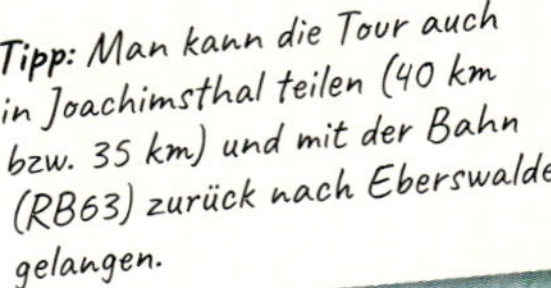

Die kleine Landstadt Joachimsthal hat zwei Bahnhöfe: einen für die Bürger des Ortes und einen prächtigen Kaiserbahnhof, der für die kaiserlichen Hofjagden in der gewaltigen Schorfheide genutzt wurde. Der ehemalige Wasserturm des Städtchens wurde zum Aussichtsturm „Biorama-Turm" ausgebaut.

*Vom **Knoten** 66, links 49 bis zur 98 fahren wir das ganze Westufer des Werbellinsees südwärts und folgen dabei der Ausschilderung des Radwegs Berlin-Usedom.*

Abendstimmung am Werbelinsee

Der 4 **Werbellinsee** ist nach dem Stechlin der zweittiefste See des Landes. Die Sage berichtet sogar von einer im See versunkenen Stadt. Natürlich gibt es reichlich Bademöglichkeiten am See.

Mit reichlich Sicherheits-Abstand von der Straße liegt eingezäunt das kleine **Schloss Hubertusstock** im Wald. Es wurde im Stil eines bayerischen Landhauses errichtet. Kaiser Wilhelm II. und Erich Honecker empfingen hier ihre Gäste. Göring war das Haus zu bescheiden, er ließ sich Karinhall noch tiefer im Wald bauen, das wurde aber abgetragen.

Am östlichen Rand des Sees liegt eine alte **Ziegelei**, von hier kamen wertvolle hartgebrannte Backsteine, wie sie in der Schinkelschule beliebt waren. So entstanden Preußische Bauten wie das Schloss Babelsberg oder die Heilandskirche aus diesen Steinen. Ein Kahn war etwas überladen und versank im See. Er dient heute als Ziel für Taucher.

In Wildau, am Ende des Sees steht auf einem Hügel der Askanierturm, ein zwölf Meter hoher Aussichtsturm. Er erinnert an die Askanier, ein mittelalterliches Herrschergeschlecht, das hier im 13. Jahrhundert eine Burg errichten ließ. Der Turm hat mit der Burg freilich nichts zu tun, er entstand erst 1879.

*Über den **Knoten** 70 steuern wir den Finowkanal in Richtung Finowfurt an, den wir wenige Meter nach Überquerung des Oder-Havel-Kanals vor dem **Knoten** 94 erreichen. Von dort folgen wir dem Oder-Havel-Radweg am Kanal nach Finow.*

Die frühere Stadt **Finow** ist heute ein Stadtteil von Eberswalde.

Reisemobilstellplätze an oder nahe der Route:

Alte Chemische Fabrik
Eberswalder Straße,
Eberswalde

Stellplatz
Am Schiffshebewerk
Hebewerkstraße,
Niederfinow

Dort finden wir die älteste industrielle Gründung Brandenburgs, das Messingwerk in Finow, das um 1700 entstand. Unter Leitung der jüdischen Familie Hirsch wurde das Werk eines der erfolgreichsten in Europa. 1932 schied die Familie Hirsch aus dem Unternehmen aus. 1942 ging das Ehepaar Hirsch freiwillig in den Tod, um der Deportation zuvorzukommen. Zum Werk gehört die denkmalgeschützte Messingwerksiedlung, sie entstand 1721 und ist die älteste Werksiedlung in Brandenburg. Anfang des 20. Jahrhunderts wurde sie erweitert, aus dieser Zeit stammt auch der expressionistische Wasserturm. Heute hat man von oben eine wunderbare Aussicht auf das Finowtal, die Stadt und die umgebenden Wälder. Eine Besonderheit sind die Kupferhäuser. Die Firma Hirsch entwickelte Ende der 1920er Jahre Fertighäuser, die im Wesentlichen aus Kupferblech gebaut sind. Zur Vorführung entstand neben dem Messingwerk eine Kupferhaussiedlung, in der die verschiedenen Haustypen präsentiert wurden. Die Musterhäuser werden heute als Wohnhäuser genutzt. Knapp 100 dieser Häuser wurden produziert und verkauft, man findet einige von ihnen bis heute vor allem an verschiedenen Orten im Berliner Raum aber auch in Israel. Das Erstarken des Nationalsozialismus führte 1934 zu einem Ende der Produktion.

Weiter am Kanal entlang fahren wir wieder zurück nach Eberswalde. Erst am ***Knoten*** *89 verlassen wir den Kanal und fahren rechts hoch zum Hauptbahnhof von Eberswalde, unserem Ausgangspunkt.*

Am südlichen Kanalufer entstand auf dem Gelände eines alten Walzwerks der „**Familiengarten Eberswalde**". Hier sind viele Attraktionen für die ganze Familie entstanden. Die „unterirdischen Archen", die alten Kanäle des Werkes, kann man mit dem Tretboot erkunden. Im Familiengarten steht ein Kran, der den Namen der Stadt verinnerlicht: der Montageeber. Er dient heute als Aussichtsturm mit einer Plattform in 30 Meter Höhe. Wer drei der vier Aussichtspunkte der Stadt bestiegen hat (Wasserturm Finow, Montageeber, Kirchturm der Maria-Magdalenen-Kirche im Zentrum, Tiger-Turm im Zoo) kann einen „Eberswalder Höhenpass" erwerben.

Eine verkehrstechnische Besonderheit gibt es in der Stadt: sie ist eine von nur noch drei Städten (neben Solingen und Esslingen), in der noch **O-Busse** (oder auch Oberleitungs-Busse) fahren. Ihren Fahrstrom beziehen sie – ähnlich der Straßenbahn – mittels Stromabnehmern aus einer über der Fahrbahn gespannten Oberleitung.

Kran Montageeber, Eberswalde

Tipp: Wir empfehlen die Rückfahrt ab Eberswalde mit Zügen aus Schwedt zu machen, da die Züge aus Stralsund im Sommer oft voll sind.

Tour 18

48 km

Oderbruch und ein paar Berge

Der traumhafte Oderradweg bei Hohenwutzen

Rundtour von Bad Freienwalde über Altwustrow und Altranft

Das Oderbruch ist ein weites flaches Land. Stundenlang kann man fahren, die Weite genießen, den Vögeln zuhören, sich in einigen alten Dörfern umsehen. Aber damit es nicht zu glatt geht, kommen am Ende ein paar Berge mit einem romantischen Waldsee.

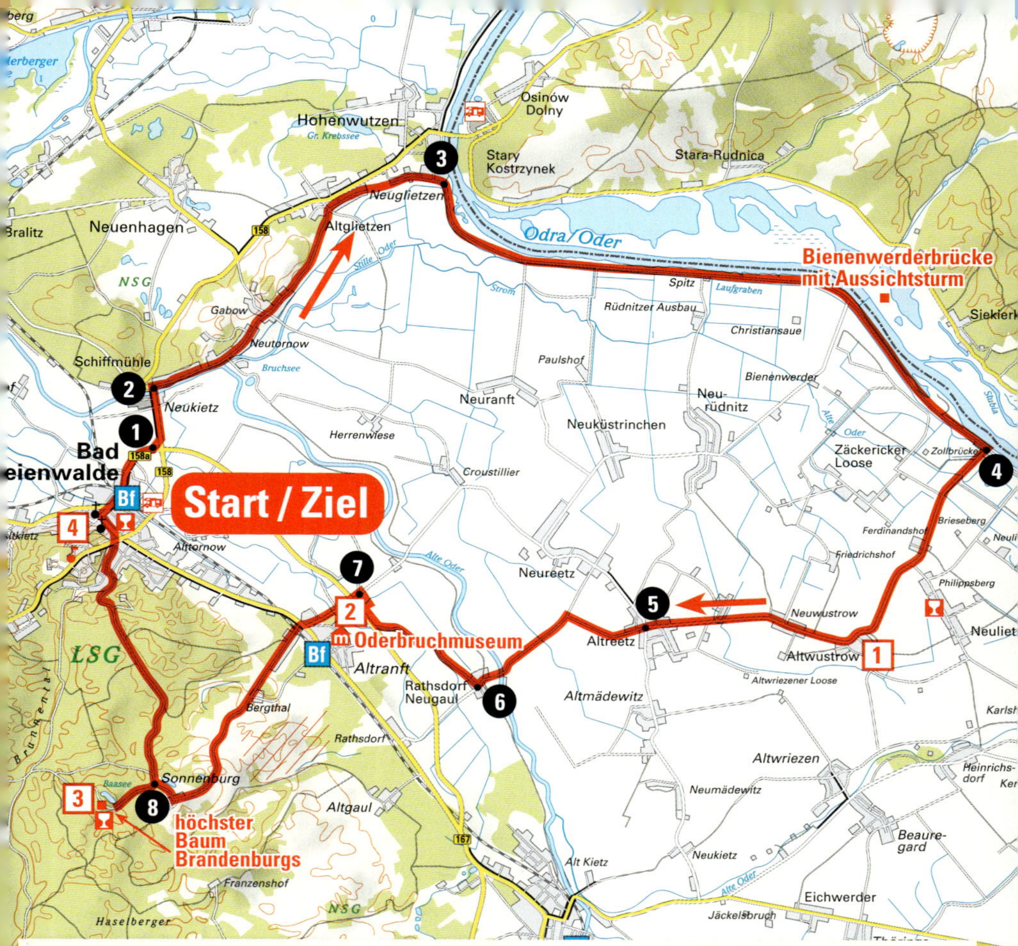

Was erwartet mich?

48 km auf Radwegen und ruhigen Straßen, ein Stück am Deich. Und am Ende die Berge. Einige schöne Dörfer wie Altwustrow und Altranft, Waldidylle am Baasee und am Ende die schöne Stadt Bad Freienwalde.

Wie komm' ich hin?

ÖPNV:

Bf. Bad Freienwalde (RB 60, aus Berlin vom RE3 in Eberswalde umsteigen),

Mit dem Auto:

B167 (aus Frankfurt/ Oder) oder B158 (aus Berlin)

Was muss ich sehen?

1 **Altwustrow**, schönes Kolonistendorf im Oderbruch

2 **Brandenburgisches Freilichtmuseum**, Altranft

3 **Baasee**, ein See in den Bergen

4 **Schloss und Altstadt in Bad Freienwalde**

Wo tank' ich auf?

Zum Feuchten Willi
Neulietzegöricke

Waldschenke am Baasee
Baasee

Restaurant Stadtmitte
Königstraße,
Bad Freienwalde

Kartentipp: **ADFC Regionalkarte Märkische Schweiz/Oderbruch**

Tour 18

Tourstart

*Wir starten am Bahnhof Bad Freienwalde und fahren nach rechts auf dem straßenbegleitenden Radweg am Bahnübergang stadtauswärts. Nach wenigen hundert Metern stoßen wir auf die Beschilderung der Tour Brandenburg und fahren geradeaus weiter. An der Umgehungsstraße bleiben wir auf dem Radweg links (**Wegepunkt** ❶), überqueren die Alte Oder und biegen in Schiffmühle nach rechts ab (**Wegepunkt** ❷). Die Tour Brandenburg führt uns über Neutornow, Gabow, Altglietzen nach Neuglietzen an die Oder (**Wegepunkt** ❸). Dort biegen wir rechts ab auf den Oder-Neiße-Radweg.*

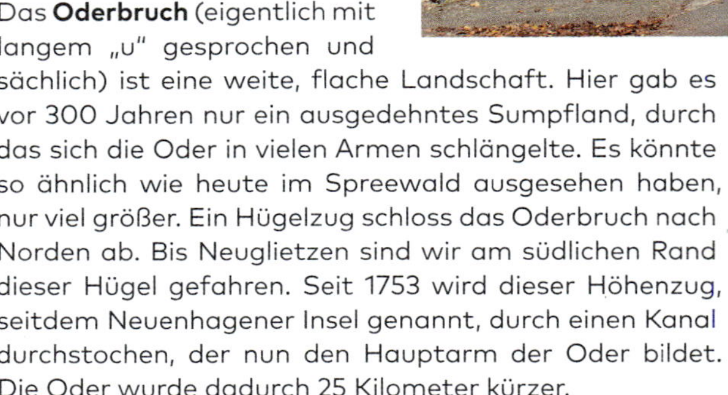

Dorfkirche von Altwustrow

Das **Oderbruch** (eigentlich mit langem „u" gesprochen und sächlich) ist eine weite, flache Landschaft. Hier gab es vor 300 Jahren nur ein ausgedehntes Sumpfland, durch das sich die Oder in vielen Armen schlängelte. Es könnte so ähnlich wie heute im Spreewald ausgesehen haben, nur viel größer. Ein Hügelzug schloss das Oderbruch nach Norden ab. Bis Neuglietzen sind wir am südlichen Rand dieser Hügel gefahren. Seit 1753 wird dieser Höhenzug, seitdem Neuenhagener Insel genannt, durch einen Kanal durchstochen, der nun den Hauptarm der Oder bildet. Die Oder wurde dadurch 25 Kilometer kürzer.

Das Oderbruch wurde danach unter Friedrich dem Großen trockengelegt, die Flussläufe eingedeicht und das Gebiet besiedelt. Friedrich betrieb eine sehr offene Einwanderungspolitik, unter ihm war Platz für Menschen aus vielen Ländern. Schmucke Kolonistendörfer entstanden, einige von ihnen erinnern mit Namen wie Croustillier oder Beauregard daran, dass sie von französischsprachigen Hugenotten besiedelt wurden. „Hier habe ich in Frieden eine Provinz erobert, die mir keinen Soldaten gekostet hat" sagte Friedrich über diese Gegend.

*Wir fahren auf dem Oderdeich vorbei an der Brücke Bienenwerder nach Zollbrücke (**Wegepunkt** ❹). Von dort*

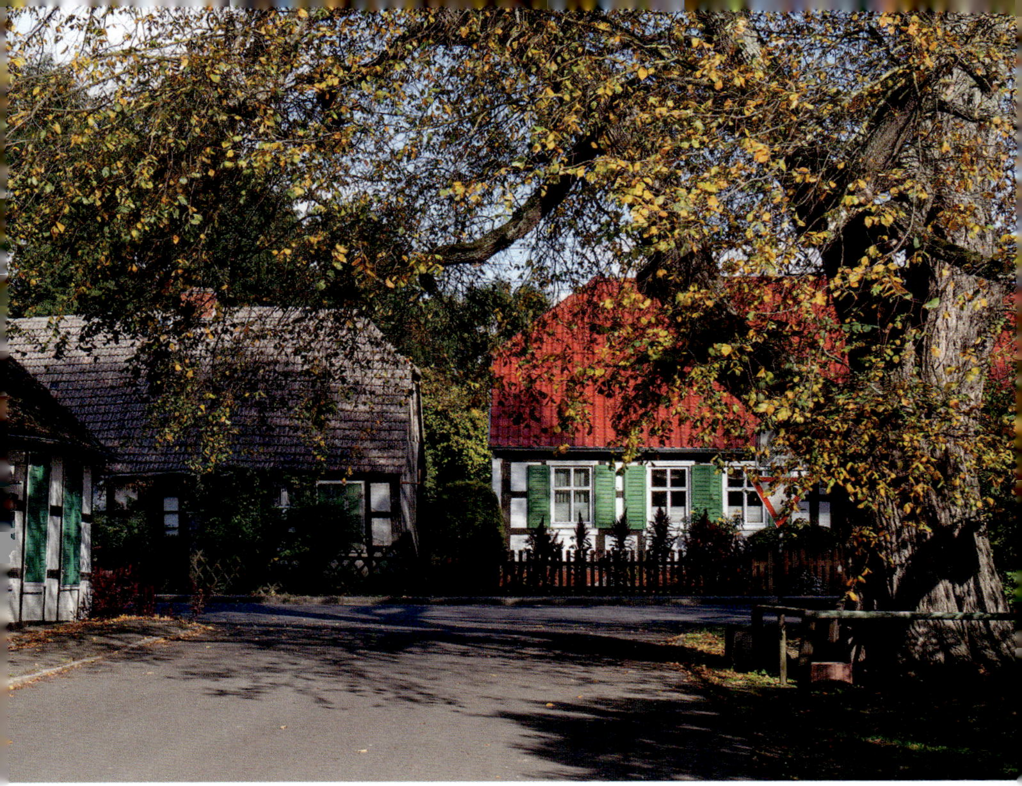

geht es wieder landeinwärts, vorbei an Neulietzegöricke nach Altwustrow.

Kolonistendorf Neulietzegöricke

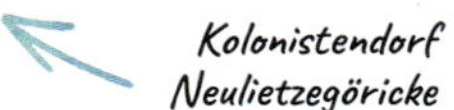

Auf dem Oderdeich kann man über viele Kilometer unbeschwert in beide Richtungen radeln, wir beschränken uns heute auf ein kurzes Stück. Ebenso bietet der Radweg auf dem Bahndamm, wunderbare Fahrtmöglichkeiten auf deutscher wie auf polnischer Seite. Schön ist der Blick von der Aussichtsplattform, die uns an der Brücke Bienenwerder begegnet, auf der polnischen Seite der Brücke.

Unsere Route führt uns am Rand des **Kolonistendorfes Neulietzegöricke** vorbei, ein kleiner Abstecher ins Zentrum des als Ensemble denkmalgeschützten Dorfes mit seinen Fachwerkbauernhöfen lohnt sich aber. Hier gibt es zur Stärkung ein Café und eine Gaststätte.

Ebenso schön ist 1 **Altwustrow**. Der Name „wustrow" bedeutet „Insel", die slawische Herkunft deutet darauf hin, dass es einer der wenigen Orte im Oderbruch ist, der bereits vor der Kolonisierung im 18. Jh. existierte. Die Kirche ist allerdings erst von 1789, die örtlichen Bauern errichteten sie aus eigenem Antrieb, ohne Genehmigung des Königs. Ein schöner Fachwerkbau in der Dorfmitte. Im norddeutschen Raum einmalig ist eine verzierte Papierdecke im Kirchenraum. Rund um die Kirche gruppieren sich mehrere Bauernhäuser, meist auch aus Fachwerk.

*Von Altwustrow geht es weiter über Altreetz (**Wegepunkt** ❺), links Neugaul (**Wegepunkt** ❻), wo wir wieder auf die Tour Brandenburg treffen und auf dieser nach rechts fahren. Während die Ausschilderung direkt nach Bad Freienwalde führt, biegen wir auf der Schlossstraße (**Wegepunkt** ❼) links in den Ort Altranft ab.*

Oderbruchmuseum in Altranft

In Altranft wurde bereits in den 1970er Jahren das 2 **Brandenburgische Freilichtmuseum** gegründet. Es heißt nun **Oderbruchmuseum**. Die Ausstellungen sind im imposanten Herrenhaus des Ortes, mit einbezogen sind die Kirche und eine Vielzahl alter Häuser im Ort. Dazu gehören Schmiede, Spritzenhaus, ein wegen seines Reetdaches „Fischerhaus" genanntes Wohnhaus und mehrere Bauernhäuser. Eins davon, ein Mittelflurhaus, stammt von 1698 und gilt als das älteste Wohnhaus der Region.

*Wir kreuzen die Alte Heerstraße und die Bahnschienen und fahren über den ruhigen, asphaltierten Sonnenburger Weg in die Berge. In Sonnenburg halten wir uns rechts und kommen im Wald an eine Weggabelung (**Wegepunkt** ❽). Rechts geht es nach Bad Freienwalde, wir fahren für einen kleinen Abstecher zunächst nach links wieder hinunter zum Baasee.*

Die Bezeichnung „Berge" mag für Bewohner anderer Regionen etwas anmaßend sein, aber beim Radfahren haben wir es vermutlich gemerkt. Wir sind aus dem Oderbruch, das nur wenige Meter über dem Meeresspiegel liegt, auf über 100 m angestiegen. Und Wälder gibt es hier, die im Oderbruch unten rar sind.

Der 3 **Baasee** wirkt durchaus wie ein Mittelgebirgssee. Auch die urige Waldschenke am Ufer erweckt den Eindruck einer Bergbaude. Der See verfügt über keinerlei oberirdische Zu- oder Abflüsse, sondern wird aus den umliegenden Quellen gespeist. Um den See führt ein **dendrologischer Lehrpfad**. Hier wurden verschiedene exotische Baumarten gepflanzt, eine 50 Meter hohe **Douglasie** gilt als höchster Baum Brandenburgs.

Wir kehren zur Weggabelung zurück und nehmen diesmal den Fahrweg durch die Wälder in Richtung Bad Freienwalde. Über die Sonneburger Straße und die Gesund-

Reisemobilstellplätze an oder nahe der Route:

WoMo-Stellplatz
Alttornower Ausbau, Bad Freienwalde

Campingplatz
Osinów Dolny., Polen (ca. 2 km neben der Route bei Neuglietzen)

Der Baasee in der Waldidylle

brunnenstraße kommen wir zum Schloss und links durch die Königstraße zum Markt.

4 **Bad Freienwalde** liegt sehr reizvoll unterhalb der Hänge. Die Berge haben es durchaus in sich. Im Stadtgebiet gibt es an der Hangkante vier alte Aussichtstürme, die mit dem Turmwanderweg verbunden sind, es ist aber wirklich ein Wanderweg und nicht unbedingt etwas für Fahrräder. Sogar eine richtige Sprungschanze gibt es hier, die nördlichste Skischanze Deutschlands.

Die meisten Sehenswürdigkeiten der Stadt liegen alle dicht an unserem Weg:

Das **Schloss** ist relativ klein, Friedrich Wilhelm III. ließ es 1799 für seine Mutter errichten. Auf die Spuren von Peter Joseph Lenné stoßen wir auch hier: der Potsdamer Gärtner gestaltete den **Schlosspark** in wunderschöner hügeliger Landschaft. Der Berliner Industrielle Walter Rathenau erwarb das Schloss im Jahr 1909. Rathenau wurde nach dem Ersten Weltkrieg deutscher Außenminister und 1922 ermordet.

Marktplatz von Freienwalde

Die **Georgskirche** in der Königstraße, ein Fachwerkbau von 1698, wird als Konzerthalle genutzt. Am dreieckigen zentralen Platz der Stadt finden wir das **Rathaus** und die gotische **Nikolaikirche**.

Vom Markt kommen wir durch die Karls-Marx- und die Bahnhofstraße rechts zum Bahnhof Bad Freienwalde, unserem Ausgangspunkt.

Tour 19

59 km

Unbeschwert auf dem Oderdeich

Auf dem Oderdeich kann das Fahrrad endlos segeln

Streckentour von Wriezen nach Küstrin

Dutzende Kilometer auf glatten Wegen – fast völlig ungestört vom Autoverkehr. Dazu das weite Land am Fluss, tolle Blicke aufs Wasser und die Hügel dahinter. Das Lauteste ist oft nur das Klappern der Störche oder die Rufe der Gänse und Kraniche. Am Ende wartet mit der Festung Küstrin ein beeindruckendes historisches Zeugnis.

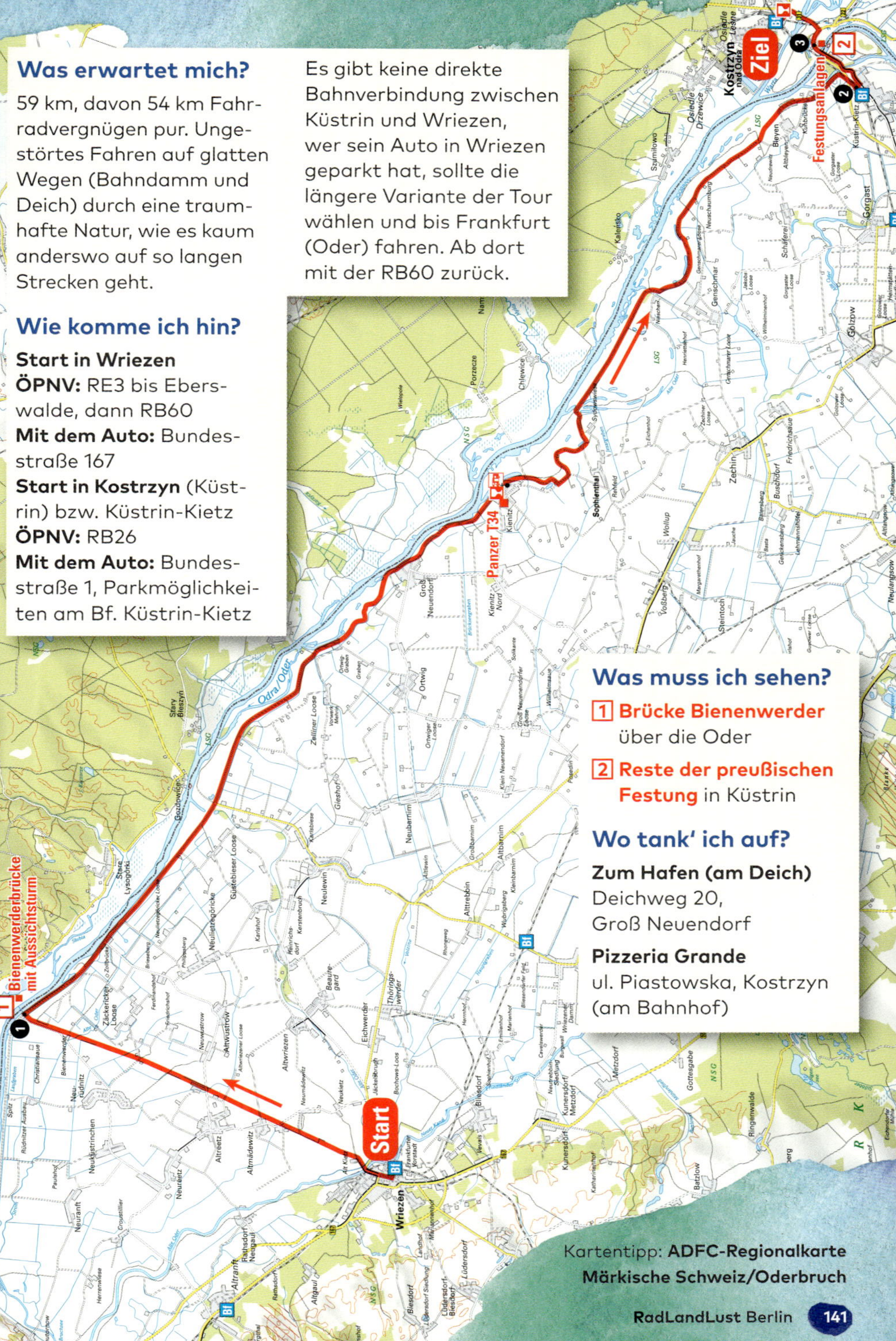

Was erwartet mich?

59 km, davon 54 km Fahrradvergnügen pur. Ungestörtes Fahren auf glatten Wegen (Bahndamm und Deich) durch eine traumhafte Natur, wie es kaum anderswo auf so langen Strecken geht.

Es gibt keine direkte Bahnverbindung zwischen Küstrin und Wriezen, wer sein Auto in Wriezen geparkt hat, sollte die längere Variante der Tour wählen und bis Frankfurt (Oder) fahren. Ab dort mit der RB60 zurück.

Wie komme ich hin?

Start in Wriezen
ÖPNV: RE3 bis Eberswalde, dann RB60
Mit dem Auto: Bundesstraße 167
Start in Kostrzyn (Küstrin) bzw. Küstrin-Kietz
ÖPNV: RB26
Mit dem Auto: Bundesstraße 1, Parkmöglichkeiten am Bf. Küstrin-Kietz

Was muss ich sehen?

1 **Brücke Bienenwerder** über die Oder

2 **Reste der preußischen Festung** in Küstrin

Wo tank' ich auf?

Zum Hafen (am Deich)
Deichweg 20,
Groß Neuendorf

Pizzeria Grande
ul. Piastowska, Kostrzyn
(am Bahnhof)

Kartentipp: **ADFC-Regionalkarte Märkische Schweiz/Oderbruch**

Tourstart

*Wir beginnen am Bahnhof Wriezen und fahren zum Markt, dort biegen wir nach rechts in die Wilhelmstraße und am Kreisverkehr geradeaus weiter durch die Straße Odervorstadt. Vom Bahnübergang an ist die Route als Oderbruchbahn-Radweg ausgeschildert. Nach der ersten Brücke biegen wir links ab, dann gleich wieder rechts. Nach ein paar hundert Metern erreichen wir in einer Rechtskurve links den Radweg auf der Bahntrasse, dem wir von nun an immer geradeaus bis zur Oder folgen (**Wegepunkt ❶**).*

Wenn wir den Stadtbereich hinter uns gelassen haben, empfängt uns ein wunderbarer Radweg auf einer schnurgeraden **Bahntrasse**. Der Name „Oderbruchbahn-Radweg" täuscht etwas. Wir sind zwar in der flachen Landschaft des Oderbruchs (siehe Tour 18) und auf einem Bahndamm, aber nicht dem der Oderbruchbahn. In diesem Abschnitt nutzt die Route eine andere Bahnstrecke, die aus Berlin nach Wriezen und weiter über die Oder führte. Die drei Bahnstationen, auf denen wir vorbei kommen, heißen Altmädewitz, Altreetz und Neurüdnitz – die Bahnhofsgebäude sind heute Wohnhäuser. Viel los war auf der Strecke nie.

Wir kommen zur Oder mit der **1 Brücke Bienenwerder** – nun nach den benachbarten Orten auch Euopabrücke Neurüdnitz – Siekierki genannt. Gegen Ende des Zweiten Weltkriegs wurde die Eisenbahnbrücke gesprengt, bald darauf gehörte mit dem Potsdamer Abkommen das östliche Ufer zu Polen. Und doch wurde die Bahnstrecke mit der Brücke wieder aufgebaut. Das Militär auf beiden Seiten hatte ein Interesse daran. Es entstand aus Teilen mehrerer anderer Brücken eine etwas skurril anzusehende neue Stahlbrücke, die heute unter Denkmalschutz steht. Die Brücke entwickelte sich zur sozialistischen Investitionsruine. Es wurde über sie ein Gleis gelegt, das aber für Jahrzehnte bis auf gelegentliche Inspektionsfahrten niemals benutzt wurde. Nach 1990 lag sie im Niemandsland und war mit Zäunen abgesperrt.

Es brauchte Jahrzehnte, bis sie endlich wieder genutzt werden konnte. Nachdem man schon seit einigen Jahren sowohl auf polnischer als auch auf deutscher Seite an die Brücke herankam, kommt man seit Juni 2022 endlich auch über die Brücke. Und es lohnt sich! Wir kommen in alle drei Richtungen wunderbar weiter. Nach links, oderabwärts bis in den Nationalpark Unteres Odertal bei Schwedt. Geradeaus, auf einem

Bei Bienenwerder wurde eine alte Eisenbahnbrücke zur Radlerbrücke

traumhaften Radweg 35 Kilometer weit auf dem Bahndamm bis Trzcińsko-Zdrój (Bad Schönfließ), unterwegs mit Bademöglichkeit am Mohriner See. Wer Zeit hat, sollte unbedingt beides ausprobieren! Wir müssen uns aber entscheiden und fahren nach rechts, den Oderdeich aufwärts. Vorher aber sollten wir nicht verpassen, wenigstens auf die Brücke zu fahren. Auf polnischer Seite ist eine kleine Aussichtsplattform entstanden, wo wir einen wunderbaren Blick auf die Brücke, den Fluss und die Oderauen genießen können.

Wir fahren den Oderdeich einfach flussaufwärts. Der Weg ist als „Oder-Neiße-Radweg" ausgeschildert. Die nächsten Zwischenstationen heißen Zollbrücke, Groß Neuendorf und Kienitz.

Der Name „**Zollbrücke**" ist alt und hat nichts mit der heutigen Grenze zu tun. Ende des 18. Jahrhunderts wurde eine Brücke gebaut, für die Brückenzoll erhoben wurde. Diese hielt sich nicht lange, schon 1806 wurde sie bei einem Hochwasser zerstört. Hier ist oft etwas mehr Trubel als auf dem Rest unseres Weges, denn hier endet eine Straße aus dem Landesinneren. Bekannt wurde Zollbrücke durch das „**Theater am Rand**", das die Künstler Tobias Morgenstern und Thomas Rühmann 1998 ins Leben riefen. Hier finden (ganzjährig!) am Wochenende Vorstellungen statt.

Einige Kilometer weiter, am Ortseingang von **Groß Neuendorf**, stoßen wir auf einen markanten **Speicher** (mit Café), auch einige alte Eisenbahnwagen sind dort abgestellt. Sie erinnern an die Oderbruchbahn (nun tatsächlich), die im großen Bogen durch die Landschaft fuhr und viele Dörfer und Gutshöfe erschloss. In Groß

Verladeturm im alten Hafen Groß Neuendorf an der Oder

Neuendorf entstand ein Hafen, wo die Güter aufs Schiff verladen werden konnten. Im Turm ist ein kleines Café – man kann aber auch sehr schön draußen sitzen.

Wer in den nächsten Ort, **Kienitz**, ein kleines Stück vom Deichweg hineinfährt, sieht dort einen alten sowjetischen Panzer. Was hat es mit diesem auf sich? Kienitz war der erste Ort am Westufer der Oder, in den im Januar 1945 in den letzten Monaten des Zweiten Weltkriegs die sowjetische Rote Armee einzog. Daran erinnerte die DDR um 1970 mit einem **Panzermonument**, das nun unter Denkmalschutz steht. Die Kirche des Ortes aus den 1830er Jahren ist als „**Radwegekirche**" im Sommer zur stillen Einkehr zugänglich. Leibliche Stärkung kann man unter anderem im Gasthof zum Hafen finden, sehr schön direkt am Deich gelegen. Auf den folgenden Kilometern sieht es mit Einkehrmöglichkeiten etwas dünner aus.

*Wir folgen weiter dem Oder-Neiße-Weg auf dem Deich über Sydowswiese und Bleyen zur Kreuzung mit Eisenbahn bei Küstrin-Kietz (**Wegepunkt ❷**). Die direkte Unterführung unter der Bahn war zum Zeitpunkt der Recherche gesperrt, wir folgen der Beschilderung des Oder-Neiße-Radwegs, der hier einen kleinen Versatz nach Westen macht.*

Warthebrücke in Küstrin

Es geht ein langes Stück weiter auf dem Deich, mitunter haben wir die Wahl zwischen einem schmalen Weg oben auf der Deichkrone mit immer wieder wechselnden Ausblicken oder einem breiteren Weg weiter unten. Größere Orte gibt es nicht und selbst kleinere Orte liegen meistens etwas abseits. Etwa einen Kilometer hinter Sydowswiese gibt es eine **Bademöglichkeit** (ausgeschildert) gleich rechts vom Weg in einem Altarm der Oder.

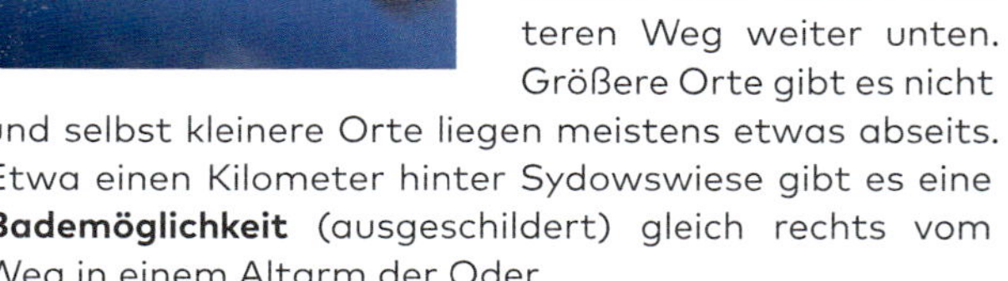

*Hinter den Bahnschienen fahren wir links der Karl-Marx- und der Detlefsenstraße folgend über die Oder, dann vorsichtig über in die Festung (**Wegepunkt ❸**). Von dort über die ul. Gen. Władysława Sikorskiego über die Warthebrücke in die Stadt, am Kreisel links und vor den Schienen rechts zum Bahnhof.*

Alternative Fahrmöglichkeiten:
Der Karl-Marx-Straße nach rechts folgend, erstmal vorbei am Bahnhof (um das Rad nicht über die Fußgängerbrücke tragen zu müssen), dann rechts über Schwarzer Weg und erneut rechts in den Bahnhofsweg zurück zum dortigen Bahnhof in Küstrin-Kietz.

Oder weiter auf dem Oderdeich über Lebus und anschließend weiter dem Oder-Neiße-Radweg nach Frankfurt (Oder) folgen (ca. 30km).

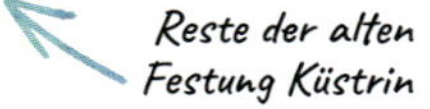

Reste der alten Festung Küstrin

Auf den letzten Metern durch Deutschland passieren wir alte Kasernenbauten. Nach dem Zweiten Weltkrieg wurden sie von der sowjetischen Armee genutzt und stehen nun seit über 30 Jahren leer. Über die Oder fahren wir über die Grenze nach Kostrzyn (Küstrin), rechts sehen wir die Mauern der **2 alten Festung**, ein einmaliges Zeugnis älterer wie neuerer Geschichte. Durchs Berliner Tor gelangen wir hinein. Hier war, umgeben von den Mauern der ursprünglich aus dem 16. Jahrhundert stammenden Festung, bis 1945 die Altstadt von Küstrin. Gegen Ende des Zweiten Weltkriegs fanden während des Vormarsches der Roten Armee auf Berlin heftige Schlachten statt, die Altstadt wurde fast komplett zerstört. Nach Kriegsende wurden weitere Teile der Festung gesprengt und Steine als Baustoffe genutzt. Das unmittelbar an der Grenze gelegene Areal der Altstadt blieb danach fast 50 Jahre sich selbst überlassen und wuchs zu. Gerne spricht man angesichts der Ruinen vom „Preußischen Pompeji".

Nach 1990er wurden nach und nach die Straßen wieder zugänglich gemacht. Tafeln an den freigelegten Fundamentresten erinnern an die einstige pulsierende Stadt.

Lange vorher spielte sich hier eine andere Geschichte ab: Kronprinz Friedrich, der spätere Friedrich der Große, litt sehr unter der harten Erziehung seines Vaters, dem „Soldatenkönig" und wollte nach Frankreich fliehen. Der Plan flog auf. An Friedrichs Freund Hans Hermann von Katte statuierte der Soldatenkönig ein Exempel. Katte wurde in der Festung Küstrin hingerichtet und Friedrich musste dabei zusehen.

Das städtische Leben spielt sich heute in der früheren Neustadt jenseits der Warthe ab. Sie wurde im Wesentlichen nach 1945 neu gebaut – der Bahnhof ist eins der wenigen verbliebenen alten Bauten.

Reisemobilstellplätze an oder nahe der Route:

Zum Hafen
Kienitz

Tour 20

Strausberg am Straussee

64 km

Vom Berliner Stadtrand über den Barnim ins Oderbruch

Streckentour von Honöw über Altlandsberg, Strausberg und Reichenow-Möglin nach Wriezen

Gar nicht so oft gibt es Radialen, die aus Berlin hinaus ins weitere Umland führen. Vom dichtbebauten Berliner Stadtrand raus, zu den Seen um Strausberg, über die Hügel des Barnim in das tiefe Oder-Urstromtal. Wenn man die Tour bei Westwind fährt, muss man fast nicht treten.

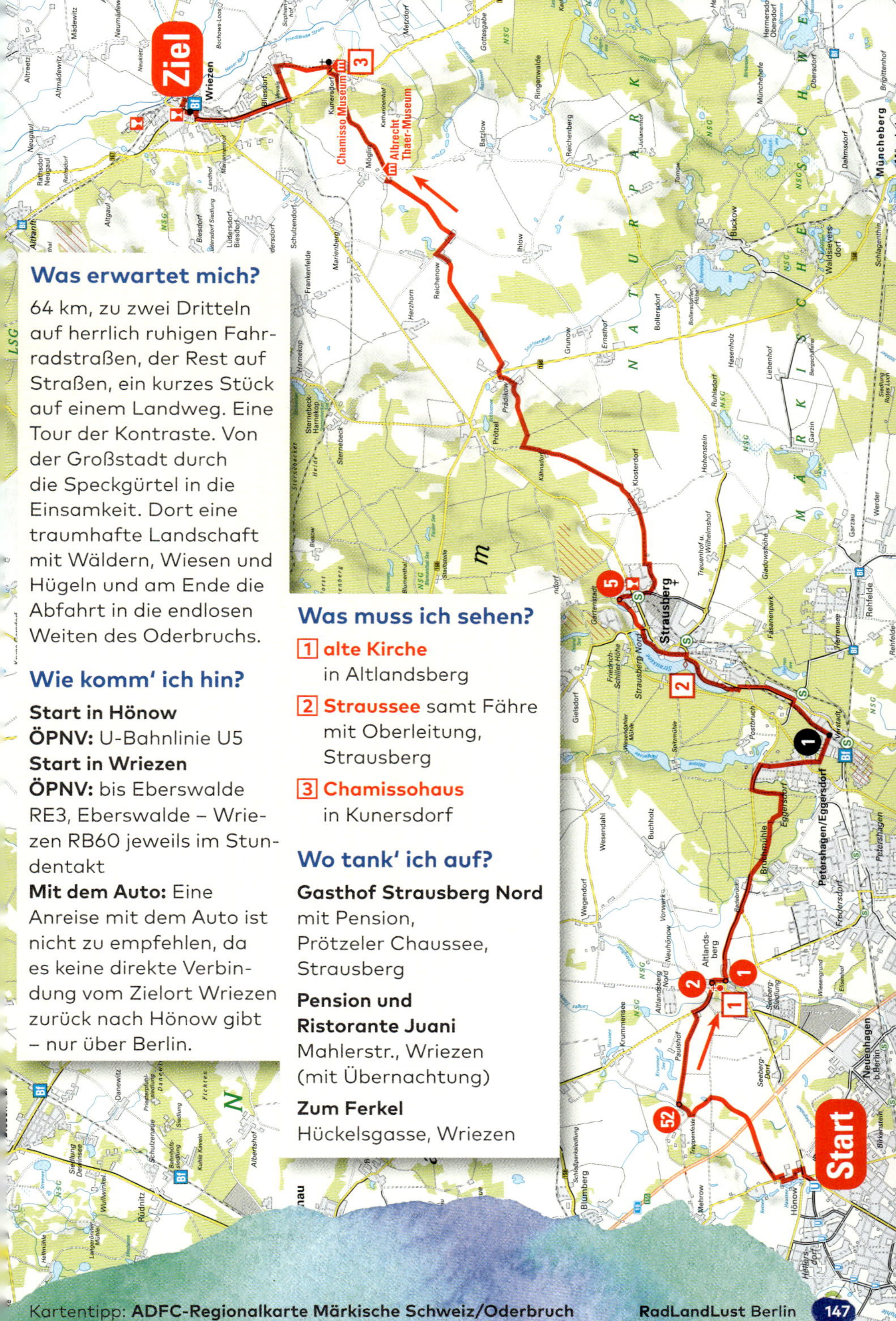

Was erwartet mich?

64 km, zu zwei Dritteln auf herrlich ruhigen Fahrradstraßen, der Rest auf Straßen, ein kurzes Stück auf einem Landweg. Eine Tour der Kontraste. Von der Großstadt durch die Speckgürtel in die Einsamkeit. Dort eine traumhafte Landschaft mit Wäldern, Wiesen und Hügeln und am Ende die Abfahrt in die endlosen Weiten des Oderbruchs.

Wie komm' ich hin?

Start in Hönow
ÖPNV: U-Bahnlinie U5
Start in Wriezen
ÖPNV: bis Eberswalde RE3, Eberswalde – Wriezen RB60 jeweils im Stundentakt
Mit dem Auto: Eine Anreise mit dem Auto ist nicht zu empfehlen, da es keine direkte Verbindung vom Zielort Wriezen zurück nach Hönow gibt – nur über Berlin.

Was muss ich sehen?

1 **alte Kirche** in Altlandsberg

2 **Straussee** samt Fähre mit Oberleitung, Strausberg

3 **Chamissohaus** in Kunersdorf

Wo tank' ich auf?

Gasthof Strausberg Nord
mit Pension, Prötzeler Chaussee, Strausberg

Pension und Ristorante Juani
Mahlerstr., Wriezen (mit Übernachtung)

Zum Ferkel
Hückelsgasse, Wriezen

Kartentipp: **ADFC-Regionalkarte Märkische Schweiz/Oderbruch**

Tipp: Wer diese Tour abkürzen möchte, kann auch mit der S-Bahn-Linie S5 direkt von Berlin anreisen und die Tour in Strausberg beginnen. Wer mit dem Auto anreist: die Plusbuslinie 889 bringt ihn von Wriezen nach Strausberg Nord zurück.

Tourstart

Den Startpunkt unserer Fahrt erreichen wir bequem mit der Berliner U-Bahn. Wir folgen im ersten Teil der Tour der Ausschilderung des Radwegs „ZR1". Am Ausgang des Bahnhofs halten wir uns links, zunächst auf dem straßenbegleitenden Weg auf der linken Fahrbahnseite, an der folgenden großen Kreuzung (Berliner Straße/Altlandsberger Chaussee) überqueren wir die Fahrbahn und erreichen nach einem kurzen Versatz rechts-links den alten Dorfkern von Hönow. Danach folgen wir dem „ZR1" etwas kurvenreich nach Nordosten bzw. Norden. Am ***Knotenpunkt 52*** *halten wir uns rechts und fahren nach Osten auf Altlandsberg zu (**Knoten 2**).*

Der Endpunkt Hönow der Linie U5 liegt direkt an der Berliner Stadtgrenze. Bis hier reichen die Plattenbauten der Stadt. Bequem schieben wir vom U-Bahnhof zur Straße. Nach der etwas mühseligen Durchquerung des Dorfes Hönow biegen wir auf dem ZR1 nach Osten.

ZR1? Den R1 kennen viele, er durchquert Deutschland von Ost nach West und führt auch durch Berlin. Als er in den 1990ern gebaut wurde, suchte man nach einer bequemen Anbindung vom Berliner Stadtrand mit dem öffentlichen Verkehr. Da Erkner und die anderen S-Bahnhöfe am R1 damals nur über Treppen erreichbar waren, entstand die Idee, einfach nördlich davon einen eigenen Radweg zu bauen, der bequem vom U-Bahnhof Hönow zu erreichen ist. Der Zubringer zum R1, der ZR1, war geboren!

Altlandsberger Marienkirche

Hinter Hönow fahren wir ein kurzes Stück straßenbegleitend, danach geht es auf einem eigenen Weg idyllisch durch Felder und Wiesen. ACHTUNG: der Weg ist reich an Kurven und Knicken, bitte auf die Ausschilderung achten. Wieder entlang einer Straße erreichen wir Altlandsberg. Der beschilderte Radweg führt um das Zentrum herum, der Abstecher zur Kirche und zum Markt ist kurz.

Altlandsberg ist eine winzige, märkische Landstadt. Erst in den letzten Jahren wurde sie zu einem begehrten Siedlungsort für die, denen Berlin zu teuer wurde. Sehr sehenswert ist die wuchtige **1 Stadtkirche** aus Feldsteinen. Vom einst dicht daneben stehenden Schloss ist bis auf ein paar

Fundamente nichts übrig, erhalten sind der **Schlosspark** und die **Schlosskirche**. Altlandsberg verlassen wir über die Strausberger Straße. Am Ortsausgang finden wir eine beeindruckende Ansammlung alter Scheunen. Solche Scheunenviertel wurden wegen der Brandgefahr oft am Stadtrand errichtet. Das berühmte Scheunenviertel in Berlin ist freilich längst mit größeren Häusern bebaut worden.

*Von Altlandsberg folgen wir über den **Knotenpunkt** 1 weiter dem ZR1 – bis Radebrück straßenbegleitend, dann auf asphaltierter Route durch den Wald nach Eggersdorf, dann nach rechts durch den Ort und schließlich nach Strausberg Vorstadt (**Wegepunkt** 1). Hier verlassen wir den ZR1 und wechseln auf die Tour Brandenburg. Straßenbegleitend geht es in die Innenstadt, auf zwei Abschnitten auch am Straussee entlang. Im Norden der Stadt erreichen wir über den **Knoten** 5 den Bahnhof Strausberg Nord.*

Allee nur für Radler bei Hönow – das Leben kann so schön sein

Strausberg ist eine mittelalterliche Stadt, schön am 2 **Straussee** gelegen (Bademöglichkeiten). Eine Besonderheit ist eine **Fähre** über den langgezogenen Straussee: als mittlerweile einzige Fähre in Deutschland wird sie mit Strom aus einer Oberleitung angetrieben! Die Strausberger **Altstadt** ist gemütlich, mit einer Reihe kleiner alter Häuser. Die 1867 eröffnete Bahnstrecke der Preußischen Ostbahn führt weit südlich der Stadt vorbei. So entstand der Strausberger Bahnhof sechs Kilometer vom Stadtzentrum entfernt. Die Stadt selbst ist mit dem Bahnhof zum einen mit einer abzweigenden S-Bahn-Strecke, zum anderen mit der sogenannten Strausberger Eisenbahn, heute eine Straßenbahn, verbunden.

Elektrisch über den See in Strausberg

Wir folgen von Strausberg Nord weiter der „Tour Brandenburg" (TB), vorbei am Flugplatzgelände auf ruhigem Asphalt nach Klosterdorf. Vom Ortsausgang geht es überwiegend auf Fahrradstraßen nach Prädikow. Weiter, immer noch auf der „Tour Brandenburg", über Reichenow nach Möglin, Kunersdorf und Bliesdorf. Der letzte Abschnitt führt uns auf straßenbegleitendem Radweg nach Wriezen, wo wir unweit des Marktes unser Ziel, den Bahnhof, erreichen.

Typisch sind die alten Feldsteinkirchen, hier in Prädikow

Strausberg war zu DDR-Zeiten ein wichtiger Militärstandort. Auch das Verteidigungsministerium saß hier, weil der Berliner Viermächtestatus dessen Ansiedlung in der Hauptstadt nicht erlaubte. Entsprechend gibt es in der Umgebung einige Militäreinrichtungen. Auch der **Flugplatz**, den wir auf dem Weg nach Klosterdorf passieren, diente einst dem Militär. Heute wird er von Sport- und Geschäftsfliegern genutzt. Am Rand des Platzes sehen wir einige alte Flugzeuge.

Hinter Klosterdorf beginnt ein wunderschöner Abschnitt. Ruhige Fahrradstraßen durch idyllische Hügellandschaften, und stille Dörfer. Jedes hat seinen speziellen Reiz, Prädikow mit seiner alten **Feldsteinkir-**

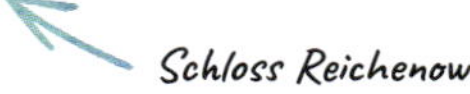

Schloss Reichenow

che oder Reichenow mit einem riesigen, neugotischen **Herrenhaus** samt Park.

Wir sind auf dem Barnim, einer Hochfläche, die bis in den Norden von Berlin reicht. Oft sieht das Land flach aus, mit nur sanften Hügeln. Aber hinter Reichenow merken wir, dass wir oben fahren. Wir rollen leicht auf den folgenden Kilometer herunter ins Oderbruch. Erst kommt Möglin. Wer sich beruflich mit Landwirtschaft befasst, kennt vielleicht **Albrecht Daniel Thaer**. Er war ein namhafter Landwirtschaftsplaner und gilt als Begründer der Agrarwissenschaften. Er lebte auf dem **Gut Möglin** bis zu seinem Tod im Jahr 1828. Ein kleines Museum im Ort erinnert an ihn.

Was in Kunersdorf sofort ins Auge fällt, ist die **Kirche** mit ihrer imposanten, expressionistischen Kuppel. Sie wurde Anfang der 1950er Jahre nach einem Entwurf von Curt Steinberg als Ersatz für die im Krieg zerstörte Dorfkirche erbaut. Wie Möglin ist auch Kunersdorf mit einer bekannten Person verbunden: **Adalbert von Chamisso**. Der Dichter war mit der Familie von Itzenplitz befreundet, die den Gutshof im Ort besaßen. Chamisso war oft in Kunersdorf, sein Märchen „Peter Schlemihls wundersame Geschichte" entstand hier. Im Musenhof gibt es ein 3 **Chamisso-Museum**, eine kleine Stärkung kann man im angeschlossenen Café finden.

Auf einem straßenbegleitenden Radweg entlang der Bundesstraße erreichen wir Wriezen. Die kleine Stadt wurde Ende des Zweiten Weltkriegs stark zerstört. Eindrucksvoll ist die Ruine der gotischen **Kirche** am Marktplatz.

Nicht weit vom Markt ist der Bahnhof, von wo wir mit der RB60 nach Eberswalde und von dort weiter nach Berlin fahren können. Oder wir schließen eine weitere Radtour an (siehe Tour 18 und 19).

Kunersdorf Kirche und Chamissohaus

Reisemobilstellplätze an oder nahe der Route:

Countrycamping, Wriezen

Tour 21

47 km

Märkische Schweiz – na, flach bleibt es heute nicht

Blick auf Buckow über den Buckowsee

Rundtour von Strausberg über Buckow und Rehfelde

Diese Tour ist autoarm, äußerst abwechslungsreich, führt zu kleinen Seen, kleinen Städtchen, zu alten Verkehrsmitteln und ist nicht so weit weg. Sie erfordert aber einen breiten Reifen und einen starken Antrieb, denn es ist hügelig.

Was erwartet mich?

47,5 km, eine Rundtour mit kleinen Anstiegen und Gefällen auf einem Mix von Straße, asphaltierten Wirtschaftswegen, naturbelassenen Wegen.

Wie komm' ich hin?

ÖPNV: S-Bf. Strausberg Stadt (S5)

Mit dem Auto: Autofahrer machen die Tour am besten vom S-Bahnhof Strausberg Nord aus (großer Parkplatz)

Was muss ich sehen?

1 **Brecht-Weigel-Haus**, Buckow

2 **Buckower Kleinbahn**, Buckow

3 **Pyramide Garzau**

4 **Strausseefähre**, Strausberg

Wo tank' ich auf?

Stobbermühle
Wriezener Str., Buckow

Restaurant Zur Fähre
Strausberg

Kartentipp: **ADFC Regionalkarte Berlin u. Umgebung**

Tour 21

Tipp: Achtung es gibt drei Bahnhöfe mit Strausberg im Namen!

Tourstart

Vom Bahnhof Strausberg Stadt fahren wir rechts über den Josef-Zettler-Ring und links die Müncheberger Straße ins Zentrum von Strausberg. Dort stoßen wir auf die großen Radwege Tour Brandenburg etc., denen wir nach rechts folgen.

Strausberg führt einen Strauß im Wappen so wie Storkow einen Storch. Aber das ist nur eine nachträgliche Deutung. Der Name hat nichts mit Vögeln zu tun, er stammt wohl aus dem slawischen und bezieht sich womöglich auf die schotenförmige Form des Sees.

Die **Marienkirche** wurde im 13. Jh. schwer und breit aus Feldsteinen errichtet. Vermutlich um diesen etwas ländlichen Eindruck zu ergänzen, hat man von den nahen Rüdersdorfer Kalkwerken einzelne Kalksteine im Obergeschoss des Turmes eingebaut. Achten Sie mal auf die Fensterumrahmungen, im Fachjargon nennt sich das Zwillingsarkaden. Die sehen fast so aus wie weit im Westen, wo es keine Feldsteine gibt.

Strausberg hatte in der DDR eine spezielle Funktion. Da Berlin unter alliierter Verwaltung formal nicht deutsches Militär beherbergen sollte, verlegte man das Verteidigungsministerium und die Armeeführung ins nahe Strausberg. Noch heute ist die Bundeswehr der größte Arbeitgeber der Stadt.

Buckowsee

Auch dass der **Bahnhof** der Stadt so weit außerhalb liegt, hat man, allerdings zu früheren Zeiten, unter anderem dem Militär zu verdanken. Die 1867 eröffnete Strecke der Preußischen Ostbahn von Berlin nach Küstrin sollte möglichst geradlinig und eben verlaufen und ging deswegen an Strausberg und Buckow vorbei.

Vom Bahnhof gab es dann die Strausberger Eisenbahn, heute eine Straßenbahn, in die Stadt. Nach dem Zweiten Weltkrieg bestand dann das DDR-Verteidigungsministerium auf eine eigene S-Bahn-Strecke, die seit 1955 Strausberg Stadt und Strausberg Nord erschließt.

Eine weitere verkehrstechnische Besonderheit der Stadt erleben wir auf der Rückfahrt.

*Hinter der Altstadt führen die Radrouten runter ans Ufer des Straussees und dann am Torfsee vorbei zum **Knotenpunkt** 5. Hier biegen wir rechts ab zum Bahnhof Strausberg Nord, fahren geradeaus weiter über den Kreisel und dann vor dem Flugplatz links mit der Tour Brandenburg*

Schermützelsee

*bis Klosterdorf. Am Ortsausgang trennen sich die Routen (**Wegepunkt ❶**) und wir folgen geradeaus der OFR (Oberbarnimer Feldsteinroute) nach Grunow. Hinter Grunow wird der Weg uneben – das ist nichts für Rennräder, die fahren besser auf der B 168 über Bollersdorf weiter. Im Wald treffen wir auf die Reichenberger Chaussee, fahren ein kurzes Stück rechts und sofort wieder links und freuen uns auf die kurvenreiche Abfahrt (ACHTUNG: nicht familienfreundlich) an den Schermützelsee.*

Die meisten Berliner kennen den Scharmützelsee bei Bad Saarow und denken, **Schermützelsee** wäre ein Schreibfehler. Ist es nicht, die Einheimischen erklären gerne wie ihr See heißt, nämlich „ Scherri" – wie Mon Cheri.

Das Relief der Märkischen Schweiz ergibt sich weniger durch große Höhen (über 130 m erreicht das Gelände kaum) als durch den tiefen Einschnitt der Stobber, die kurz östlich von Buckow grade noch 15 m hoch liegt.

Buckow liegt idyllisch zwischen Schermützel- und **Buckowsee**. Theodor Fontane schrieb „Buckow war einmal wohlhabend, aber das ist lange her." Mit dem Bau der Ostbahn 1867 und spätestens nach dem der Buckower Kleinbahn änderte sich das. Buckow wurde zu einer beliebten Sommerfrische, die Gegend als „Märkische Schweiz" vermarktet und prächtige Villen für reiche Leute entstanden.

Die schönsten Grundstücke und Häuser sind auf der Halbinsel zwischen den beiden Seen. In der Bertolt-Brecht-Str. 29 liegt das große schicke Haus, das Helene Weigel und Bert Brecht bewohnten. Brecht schrieb zwar viel über das Proletariat, lebte aber selbst anders. Das Seegrundstück ist heute 1 **Brecht-Weigel-Gedenkstätte** und das Haus ein Museum. Brecht gönnte sich den Luxus mehrerer Schreibtische. Er konnte einen Tisch einem Thema widmen, man könnte neidisch werden.

Brecht-Weigel-Haus in Buckow

Schon Fontane nannte das Buckower Straßenpflaster „entsetzlich". In manchen Straßen hat sich bis heute daran nichts geändert.

Und ein Schmankerl für die Technikfreunde gibt es hier. Die elektrifizierte 2 **Buckower Kleinbahn**. 1897 fuhr das Bähnchen erstmals damals noch auf 750 mm. 1930 konnte dann mit großem Aufwand der elektrische Betrieb auf normaler Spur aufgenommen werden.

Da sich Waldsieversdorf nicht an den Kosten des Umbaus beteiligt hatte, ließen die Buckower, die ihre Bahn selber finanziert hatten, ein Paar Jahre lang die Züge dort nicht halten. 1998 endete der Zugverkehr auf der Strecke. Doch ein Museumsverein ließ nicht locker und kämpfte um den Erhalt der Anlage. Nun fahren wieder an den Wochenenden im Sommerhalbjahr die einmaligen elektrischen Triebwagen zwischen Müncheberg und Buckow. Ein wenig sehen sie aus wie alte Berliner S-Bahn-Wagen. Kein Wunder, wurden sie doch im Betriebswerk der S-Bahn in Schöneweide gewartet und nutzten teilweise auch die gleiche Technik. Im Bahnhofsgebäude von Buckow gibt es ein kleines Museum zur Geschichte der Strecke.

Buckower-Kleinbahn

*Die Tour führt weiter neben der Buckower Kleinbahn nach Waldsieversdorf. Am Bahnhof biegen wir rechts ab auf die Dahmsdorfer Straße (**Wegepunkt** ❷).*

In Waldsieversdorf lebte Helmut Herzfeld, sein Künstlername war John **Heartfield**. Ein Fotokünstler, der wie Brecht Nazideutschland verlassen musste. Nach der Rückkehr in die DDR riet Brecht ihm, „das absurde Leipziger Klima zu verlassen" und zum ihm in die Nachbarschaft in die Märkische Schweiz zu ziehen. Das Haus ist heute Museum.

Feldsteinpyramide in Garzau

*Wir fahren geradeaus weiter immer auf dem Radweg R1 über Liebenhof, links Garzin (**Wegepunkt**) nach Garzau.*

In Garzau überrascht uns die größte 3 **Feldsteinpyramide** Deutschlands. Sie entstand 1784 für den Grafen Schmettau. Rote Ziegelbänder ohne Geländer ermöglichen schwindelfreien Personen den Aufstieg auf die Spitze der Pyramide.

*Mit dem R1 geht es von Garzau auf straßenbegleitenden Radwegen durch Rehfelde und über den **Knoten** 6 in Hegermühle zurück nach Strausberg und zu unserem Ausgangs-Bahnhof.*

Die S-Bahn nach Berlin kreuzen wir an der Station Hegermühle.

Es wartet aber noch eine Attraktion auf uns: die elektrisch betriebene 4 **Personenfähre** mit Oberleitung über den Straussee. Und wie es sich für eine Fähre gehört, liegt neben der Anlegestelle eine Gaststätte. Seit 1915 fährt diese Fähre über den See. Die heutige Fähre ist von 1967. Sie ist unverglast, besitzt aber natürlich zum Schutz vor der Oberleitung ein riesiges Dach. Ein kurioses Gefährt.

Reisemobilstellplätze an oder nahe der Route:

Campershof
Alt Werder 6,
Rehfelde-Werder

Tour 22

Müggelspree

Müggelspree und Löcknitz

51 km

Rundtour von Erkner über Hartmannsdorf, Mönchwinkel Kagel und entlang einer Seenkette

Im Osten Berlins erstrecken sich riesige Waldgebiete, die von zwei Rinnen unterbrochen sind: im Süden das Spreetal und im Norden das Löcknitztal mit seiner Seenkette. Die Stadt ist nahe, das macht die Anreise kurz, aber ganz einsam wird es selten.

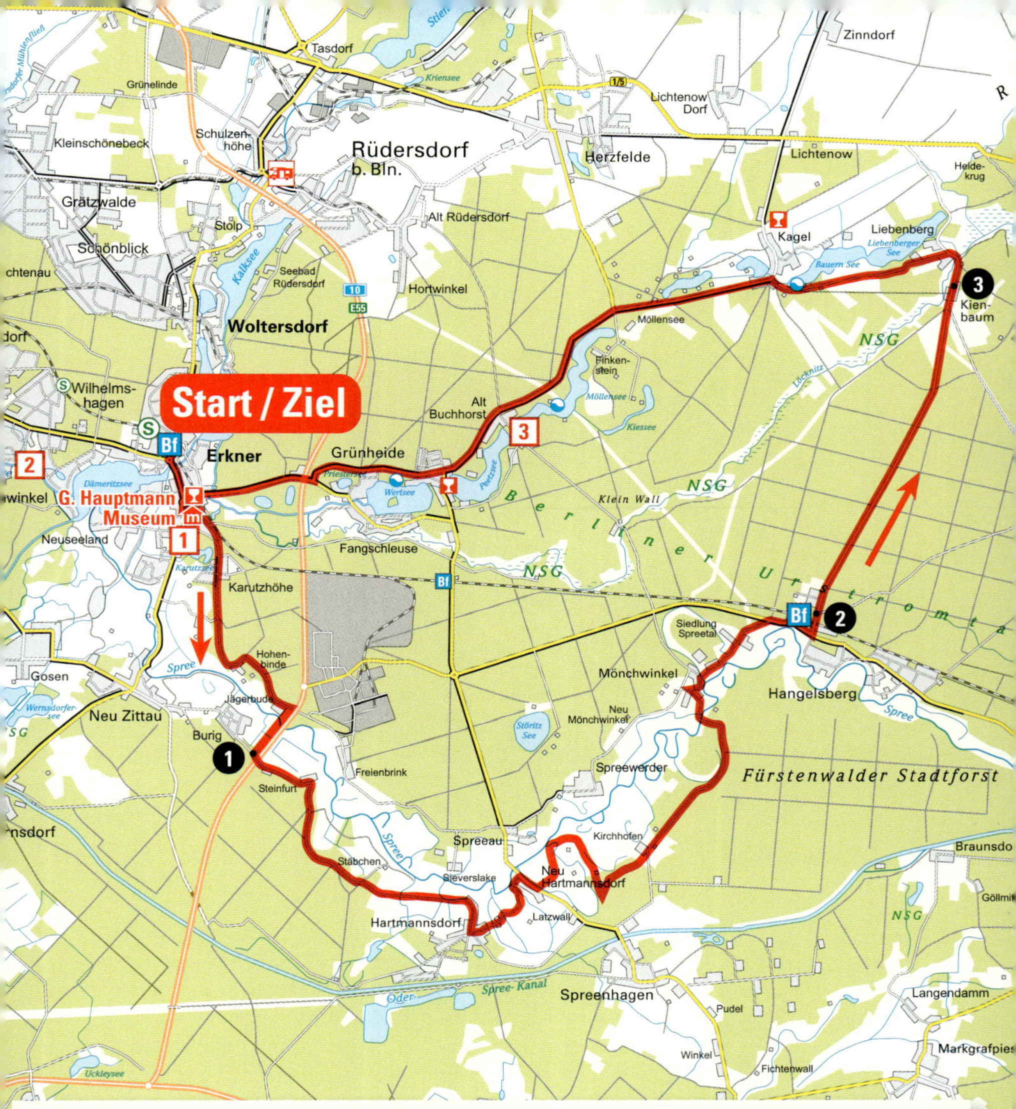

Was erwartet mich?

51 km, eine ebene Tour ohne Anstiege und Gefälle auf einem Mix von Straßen, asphaltierten Wegen und straßenbegleitenden Radwegen

Wie komm' ich hin?

ÖPNV: Bahnhof Erkner, RE1 und S3

Mit dem Auto:
A10, Ausfahrt Erkner

Was muss ich sehen?

1 **Gerhart-Hauptmann Museum**, Erkner

2 **Die romantische Müggelspree**

3 **Grünheider Seenkette**

Wo tank' ich auf?

Heydewirt am Peetzsee
Grünheide

Straussenhof Kagel
Kagel

Bechsteins Ristorante di Piano
Fürstenwalder Straße, Erkner

Kartentipp: **ADFC-Regionalkarte Berlin und Umgebung**

Tipp: Badehose und Handtuch nicht vergessen.

Tourstart

Wir starten am Bahnhof Erkner. Vom Regionalbahnsteig führt eine bequeme Rampe zum Kreisel am Friedensplatz. Wir biegen links ab und durchfahren die lebendige Friedrichstraße vorsichtig auf den schmalen Radwegen. Am nächsten großen Kreisel folgen wir der Beschilderung des Spreeradweges bzw. R1 in die Gerhart-Hauptmann-Straße.

Gerhart-Hauptmann-Museum Erkner

Das 1 **Gerhart-Hauptmann-Museum** in Erkner wurde 1987 zum 125. Geburtstag des Schriftstellers eröffnet. In diesem Haus lebte er Ende des 19. Jahrhunderts. Er musste das ungesunde Berlin wegen seines Hustens verlassen. Erkner galt damals als Luftkurort. Hier schrieb er den „Biberpelz" und den „Bahnwärter Thiel". Letzterem liegt ein realer Vorfall zugrund, der sich bei Erkner an einem Bahnwärterhaus ereignete. Das Museum ist im Erdgeschoss, im Obergeschoss sind Möbel aus Hauptmanns Zeit zusammengestellt. Die Schränke im Arbeitszimmer stammen original von Hauptmann.

Der Ort Erkner wirkt heute ganz anders als zu Hauptmanns Zeiten, viel größer. Erst 1998 bekam er das Stadtrecht. Die einst als heilsam angesehene Luft der Teerproduktion wird heute anders eingeschätzt. Man riecht es oft noch etwas, wenn man das Flakenfließ überquert, weil sich unter Wasser eine alte Teerblase befindet.

Wir folgen der Ausschilderung des Spreeradwegs weiter bis an den Fluss in Jägerbude, hier queren wir die Spree und staunen.

Pechofen im Spreetal

Das soll die 2 **Spree** sein? Da kann man ja fast durchlaufen. Nun das ist schnell erklärt. Die Berliner Dimensionen der Spree entstehen durch einen Stau. Hier aber sehen wir das fließende Gewässer.

Aber auch was auf dem benachbarten Gelände früher war, ist historisch interessant, denn einen Gleisanschluss hatte dieser abgesperrte Wald auch früher. Direkt neben dem heutigen Teslagelände saß die „Verwaltung Rückwärtiger Dienst" des DDR-Ministeriums für Staatssicherheit. Diese Abteilung erledigte logistische Dienste für die Stasi, aber auch Westpakete wurden hier kontrolliert. Der Bahnanschluss ist derselbe, den Tesla hat.

Werlsee

*An der anderen Talseite (**Wegepunkt ❶**) folgen wir weiter der Wegweisung des Spreeradwegs nach Hartmannsdorf und dann über Mönchwinkel spreeaufwärts nach Hangelsberg. Hier verlassen wir den Spreeradweg. Hinter dem Bahnhof **Hangelsberg** (**Wegepunkt ❷**) fahren wir auf unbeschilderten Wegen nach Kienbaum.*

Bisher haben wir von den großen Wäldern noch nicht viel erlebt, aber hinter dem Bahnhof Hangelsberg tauchen wir bis Kienbaum in den Forst ein.

*In Kienbaum (**Wegepunkt ❸**) befinden wir uns wieder auf einer ausgeschilderten Radroute, die uns links nach Kagel führt. Ab Kagel befinden wir uns wieder auf dem großen Europaradweg R1, der uns bis Erkner und zurück zum Bahnhof begleitet.*

In Kagel startet für uns die 3 **Grünheider Seenkette**: Bauernsee, Möllensee, Peetzsee und Werlsee. An der Badestelle Bauernsee kommen wir automatisch vorbei, bei den anderen Seen wird der Radweg neben der Straße geführt, die etwas Abstand zum Ufer hält. Die nördlichen Ufer sind mehr mit Häusern erschlossen als die südlichen, dort findet man häufiger Badestellen und Campingplätze. Die ADFC Karte zeigt beide Varianten.

In **Grünheide** lebten viele Menschen die in Berlin arbeiteten und denen Berlin zu voll und zu laut war. Einer dieser Bewohner war **Robert Havemann**, ein berühmter Chemiker, der in der DDR poltisch unliebsam war und sogar unter Hausarrest gestellt wurde. 1982 starb er. 1989 wurde in seinem Haus im Beisein seiner Witwe das Neue Forum gegründet, das den Untergang der DDR beflügelte.

Reisemobilstellplätze an oder nahe der Route:

Stellplatz Museumspark Rüdersdorf
Heinitzstraße Parkplatz, Rüdersdorf

Tour 23

36 km

Die Runde um den Scharmützelsee

Radfahren am Scharmützelsee

Rundtour Bad Saarow über Storkow und Wendisch Rietz

Der Scharmützelsee ist eine Perle unter den Märkischen Seen. Fontane nannte ihn das Märkische Meer. Der See ist tief und klar und über einen schiffbaren Kanal angebunden. Es gibt zwei Bahnlinien, einen Golfplatz, ein Thermalbad und viele feine Restaurants und noch mehr Villen.

Start / Ziel

Neu Waltersdorf
Briesenluch
Rauener Berge
Petersdorf bei Saarow-Pieskow
Petersdorfer See
Neu Golm
Alt Golm
Brand
Bad Saarow-Mitte
3
Therme
Bf
Riploser Heide
Lebbiner Heide
Lebbin
Kolpin
Grosser Kolpiner See
Marienhöhe
Kl. Kolpiner See
Neu Reichenwalde
Bad Saarow-Pieskow
Dorf Saarow
Rieplos
Lebbiner See
Annenhof
Neu Boston
1
Pieskow
NSG
2
Düne
Reichenwalde
Bad Saarow-Strand
Theresienhof
Wilm
Storkow
Großer Storkower See
Burg Storkow
1
Silberberg
Scharmützelsee
Diensdorf
Diensdorf-Radlow
246
Dolgensee
Dahmsdorf
Radlow
Schaplowsee
Küchensee
Hubertushöhe
Groß Schauener See
Großer Wochowsee
Großer Storkower Stadtforst
Waldfrieden
Herzberger See
Wochowsee
Alter Wochowsee
Schleuse
Wendisch Rietz
Sielmann-Vogelschutzgebiet
2
Glienicke
Großer Selchower See
Kl. Griesensee
Branberge
Neue Mühle
Schleuse
3
R
K
Gr. Griesensee
Bugk
Gr. Wucksee
Bugker See
Gr. Glubigsee
Wendisch Rietz/Siedlung
Lindenb. See
Grundmühle
Behrensdorf
Behrensdorfer Heide
Ahrensdorfer See

Was erwartet mich?

36 km, eine ebene Tour ohne Anstiege und Gefälle auf einem Mix von Straßen, asphaltierten Wirtschaftswegen, naturbelassenen Wegen und Pfaden.

Wie komm' ich hin?

ÖPNV: RE1, RB 35, Bf. Bad Saarow

Mit dem Auto: A 12, Ausfahrt Fürstenwalde-West, Saarower Chaussee

Was muss ich sehen?

1 **Burg Storkow**

2 **Schleuse**, Wendisch Rietz

3 **Historischer Bahnhof Bad Saarow**

Wo tank' ich auf?

Landgasthaus Dolgensee
Dorfstraße, Dahmsdorf

Fischer Oli Kobelt
Schwarzhorner Weg, Wendisch Rietz

Alter Weinberg
Reichenwalder Straße, Storkow

Saarower Fischtopf
Bad Saarow

Park Café
Bad Saarow

Kartentipp: **ADFC-Regionalkarte Berlin und Umgebung**

Tour 23

Tourstart

Wir starten am Bahnhof Bad Saarow und fahren geradeaus am Kreisel in die Ulmenstraße, die in einem Rechtsbogen zur Lindenstraße wird. In einem Waldstück biegen wir links ab, bleiben aber auf der Lindenstraße. Hinter einem Rechtsbogen wird sie zur Silberberger Straße.

Der **Scharmützelsee** ist 10 km lang und 28 m tief. Das macht ihn klar und im Frühjahr kalt. Eine Runde nur um den See hat 26 km. Unser Tourvorschlag, der das sehenswerte Storkow mit anbindet, hat 36 km.

*Wir folgen der Silberberger Straße bis am Kreisel rechts die Alte Reichenwalder Straße (**Wegepunkt ❶**) mit der Beschilderung Adler/Zander rechts abbiegt, der folgen wir durch Reichenwalde nach Storkow.*

Burg Storkow

Reichenwalde hat eine alte Feldsteinkirche. Vermutlich war der Ort nie wirklich reich. Solche Werbenamen finden wir häufig gerade da, wo es eigentlich nicht so wirkt.

Den schönsten Blick auf den **Storkower See** hat man von der alten Binnendüne. Den Gipfel der 30 m hohen Sanddüne sollten wir zu Fuß besteigen. Die Düne ist von der Gaststätte Am Weinberg ausgeschildert. Ganz kahl ist die alte Düne natürlich nicht mehr, aber wir gewinnen einen Eindruck, wie schwer es die Pflanzen haben, auf dem Sand Fuß zu fassen.

Storkow führt einen Storch im Wappen, aber das Wort ist wie so oft slawisch und bedeutet „Weg im Sumpf". Na gut, Störche mögen Sümpfe, insofern passt es wieder. Nett ist die alte Klappbrücke über den Kanal.

Die 1 **Burg Storkow** wurde im 16 Jh. als Wasserburg errichtet. Heute ist es ein Kulturzentrum. Was man heute sieht, ist eine stark überformte Gebäudehülle.

Schleuse bei Wendisch Rietz

*Wir fahren bis zu Düne auf demselben Weg zurück (**Wegepunkt ❷**), dadurch können wir anschließend rechts auf dem ruhigeren Ufer des Storkower Sees auf der Dahmsdorfer Seite weiter radeln.*

Die schiffbare Verbindung vom Storkower See in den Scharmützelsee wurde bereits 1732 hergestellt. Die idyllische 2 **Schleuse** in Wendisch Rietz verhindert, dass der höher gelegene Scharmützelsee ausläuft.

Sonnenaufgang bei der Fischerei Köllnitz in Saarow

Ein Tipp ist der **Hofladen von Fischer Oli Kobelt** in Wendisch Rietz. Hauptsächlich gibt es Zander, Aal und Hecht, aber auch Karpfen, Barsche, Schleie und Plötzen gehören zum täglichen Fang.

*Parallel zur Beeskower Chaussee verlassen wir Wendisch Rietz, fahren links, passieren den Bahnhof und biegen in einer Linkskurve links in die Straße Am Berg ein (**Wegepunkt ❸**), um dann am Ostufer des Sees nordwärts zu fahren.*

Die Fahrt geht weiter über Radlow, Diensdorf und Pieskow. Auf dem Karl-Marx-Damm fahren wir weiter am Ufer des Sees entlang, bis wir in einer Rechtskurve weiter geradeaus auf die Straße Am Kurpark fahren und am Ende wieder rechts auf die Ulmenstraße treffen, die uns direkt zurück zum Bahnhof führt.

Die Orte Radlow, Diensdorf und Pieskow verfügen alle über Badestellen und Anlegemöglichkeiten. Vier kleine Dampfer drehen auf dem See ihre Runden. Es gibt übrigens auch Kombitickets mit der **Therme** in Bad Saarow.

Wenn wir uns dem **3 Bahnhof Bad Saarow** wieder nähern, bemerken wir erst, wie schön er ist. 1912 hat man sich richtig Mühe gegeben, den Aufenthalt so angenehm wie nur eben möglich werden zu lassen. Die Bahnsteigüberdachung ruht auf runden Holzsäulen.

Bahnhof von Bad Saarow

Reisemobilstellplätze an oder nahe der Route:

Caravanparkplatz Bad Saarow
Ringstraße, Bad Saarow

Reisemobilstellplatz Storkow
Kirchstraße, Storkow

Zum Märkischen Barockwunder

Die barock umgebaute alte Klosterkirche Neuzelle

Streckentour von Frankfurt (Oder) nach Neuzelle

Die Tour führt an einem beliebten Badesee dem Helenesee vorbei, der Name lässt erahnen: es ist kein Natursee sondern ein Bergbausee. Weiter geht es durch eine sozialistische Planstadt im Stalinstil, Eisenhüttenstadt, und endet in einer im Hochbarock umgebauten Zisterzienserkirche im Kloster Neuzelle.

Was erwartet mich?

58 km, eine Tour mit leichten Anstiegen auf einem Mix von Straße und asphaltierten Wirtschaftswegen.

Wie komm' ich hin?

ÖPNV:
Bahnhof Frankfurt (Oder): RE1 aus Berlin, weitere Verbindungen in andere Richtungen

Mit dem Auto:
A12, Ausfahrt Frankfurt/O.

Was muss ich sehen?

1. **Marienkirche** in Frankfurt mit ihren Bleiglasfenstern
2. **Helenesee**, ehem. Bergbau
3. **Eisenhüttenstadt**
4. **Kloster Neuzelle**

Wo tank' ich auf?

Gaststätte Kontor
Fischerstr., Frankfurt/O

Schnitzel-Wirtschaft
Königstr., E-Fürstenberg

Balkan-Grill
Rosa-Luxemburg-Str., Eisenhüttenstadt

Klosterbrauerei
Brauhausplatz, Neuzelle

Wilde Klosterküche
Bahnhofstr., Neuzelle

Kartentipp: **ADFC-Regionalkarte Spreewald/Berliner Seengebiet**

Tour 24

Tourstart

Wir starten am Bahnhof Frankfurt (Oder) und sollten uns zuerst die Altstadt südlich der Oderbrücke ansehen.

Tipp: Es gibt zwei Kirchen, die unterschiedlicher nicht sein könnten, also planen Sie Zeit ein für das, was Sie erwartet. Bei Bedarf kann man die Touren in beide Richtungen auch auf dem Oder-Neiße Radweg fortsetzen.

Frankfurt liegt an der **Oder**. Ein durchaus großer Fluss, die Wassermenge schwankt sehr stark. Im Sommer kann man durch den Fluss laufen, seine Tiefe variiert von 50 cm bis 6,50 m. Während fast alle anderen Brandenburger Flüsse zur Nordsee entwässern, fließt die Oder zur Ostsee. Die Wasserscheide ist bei Frankfurt nur fünf Kilometer von der Oder entfernt an einem Höhenzug, dessen Ausläufer bis zum Bahnhof reichen. Wir merken es beim Fahrrad fahren, es geht vom Bahnhof in die Stadt ordentlich bergab.

Die Oder ist seit 1945 die Grenze zwischen Deutschland und Polen. Über die Stadtbrücke erreicht man schnell die Grenzstadt **Slubice**, früher die Dammvorstadt von Frankfurt, mit einer Reihe interessanter Gaststätten und einem schönen Blick auf die Frankfurter Stadtsilhouette.

Rathaus in Frankfurt (Oder)

Frankfurt war seit 1430 **Mitglied der Hanse**. 1506 wurde die erste **Universität** Brandenburgs in Frankfurt gegründet, die es aber nur bis 1811 gab. Seit 1991 gibt es eine neue Uni in der Stadt.

Im Zweiten Weltkrieg wurde die Stadt stark zerstört. Insofern prägen viele Nachkriegsbauten das Bild der Innenstadt. Aber herausragend ist die fünfschiffige **1 Marienkirche**. Sie war bis 1945 eine der bedeutendsten Backstein-Kirchen des Landes. 1946 wurden die wertvollen mittelalterlichen **Bleiglasfenster** von 1370 aus der Marienkirche in die Sowjetunion abtransportiert. 2009 kehrten die Fenster wieder zurück nach Deutschland und wurden mühevoll restauriert. Wir sehen z.B. Aarons knospenden Wanderstab, die Taufe Christi in einem durchsichtigen Kleid, das von Juden mit Spitzhüten gehaltene Passah-Lamm, aber auch den Kampf David gegen Goliath. Ganz nett ist die Schöpfungsgeschichte, nicht nur mit Adam und Eva, sondern allem Getier was so kreucht und fleucht. Noah sehen wir mit der Axt, wie er die Arche baut und später wie er die Taube aussendet. Bemerkenswert sind Fenster mit der Darstellung des Antichrists mit großen Hörnern, also des Teufels.

Das **Rathaus** (nördlich anschließend) ist etwas überformt, aber dennoch eines der ältesten Rathäuser Deutschlands aus dem frühen 13. Jahrhundert

Auch beachtenswert das **Museum Viadrina** (der lateinische Name der Oder) im Junkerhaus des 16. und 17. Jahrhunderts, etwas mehr zum Fluss hin gelegen.

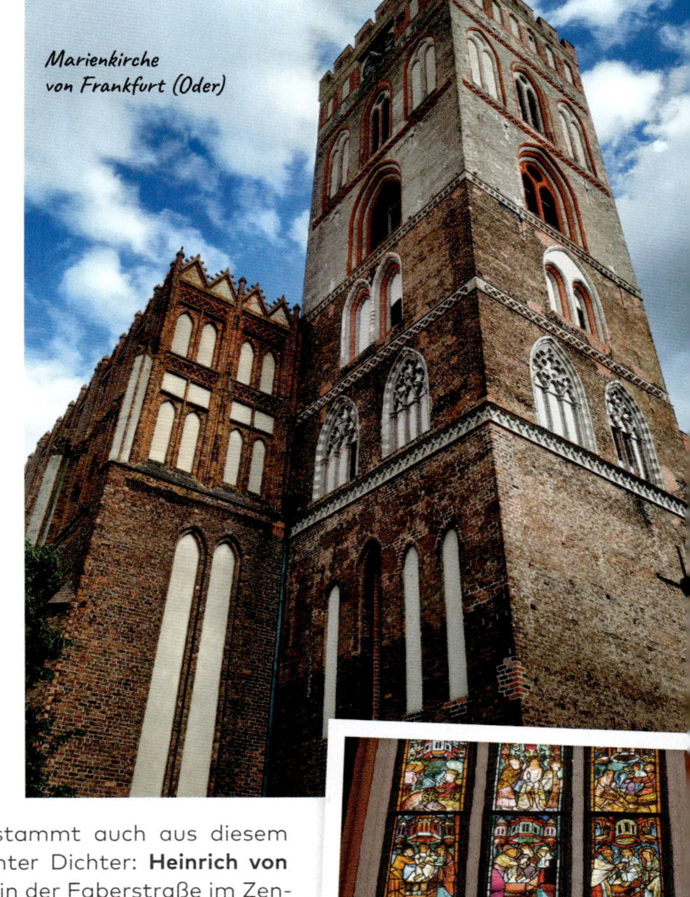

Marienkirche von Frankfurt (Oder)

Westlich der Altstadt auf der geschliffenen Wallanlage wurde um 1840 von Peter Joseph Lenné ein **Park** angelegt. Und so wie die Namensvetterin Frankfurt am Main einen Goethe hat, stammt auch aus diesem Frankfurt ein sehr berühmter Dichter: **Heinrich von Kleist**. Ihm ist ein Museum in der Faberstraße im Zentrum gewidmet.

Mittelalterliche Bleiglasfenster der Marienkirche

*Vom Bahnhof fahren wir über den Bahnhofsplatz, geradeaus Ferdinandstraße, rechts Gubener und Güldendorfer Str. Hier treffen wir auf den Radweg Beeskow–Sulecin und folgen ihm durch Neuberesinchen und Güldendorf (**Wegepunkt** ❶) zum Helenesee.*

Der 2 **Helenesee** entstand aus einem Kohleabbau für das Kraftwerk Finkenheerd, der zwischen 1943 und 1958 betrieben wurde und später mit schönem klaren Grundwasser saniert wurde. Er ist nach dem Stechlin mit 57 m der tiefste See Brandenburgs. Die Ufer wurden saniert und es entstand ein beliebter Badesee mit Zeltplätzen, Freibädern und sogar einem eigenen Bahnhaltepunkt. Aber in den letzten trockenen Jahren sank der Grundwasserspiegel und die Ufer kamen wieder ins Rutschen. Zum Zeitpunkt der Recherche war ein Teil des Ufers gesperrt.

Der Helenesee lädt zum Baden ein

*Weiter geht es auf dem Kaisermühler Weg um den Helenesee herum. Bevor wir den nächsten Ort erreichen, kommen wir an den alten Brieskower Kanal (**Wegepunkt** ❷) und damit auf die Ausschilderung der Oder-Spree-Tour, der wir links nach Groß Lindow und Brieskow-Finkenheerd folgen.*

Der heutige **Brieskower Kanal** wurde früher Friedrich Wilhelm Kanal genannt. Der Kanal wurde schon lange geplant und sein Bau 1662 begonnen. Seine Funktion war die Verbindung von Berlin und Breslau. Der Unterlauf des Flüsschens Schlaube wurde zum Kanal und mit 13 Schleusen versehen. 1759 zerstörten Österreicher und Russen den Kanal. 1891 wurde an neuer Stelle der Oder-Spree Kanal geschaffen, der weniger Schleusen hatte und breiter war. Um 2000 wurde auf der Nordseite des Kanals der Radweg asphaltiert. Landschaftlich ist die Strecke sehr schön, es gibt viele alte Bäume am Wasser.

*In BrieskowFinkenheerd stoßen wir auf den Oder-Neiße-Radweg (**Wegepunkt** ❸), auf dem wir nach rechts oderaufwärts auf dem Deich bis Eisenhüttenstadt-Fürstenberg (**Wegepunkt** ❹) radeln.*

Reisemobilstellplätze an oder nahe der Route:

Marina Winterhafen
Hafenstr., Frankfurt/O

An der Gaststätte zum Zickenkeller
Neuzelle

In einem großen Bogen rollen wir auf dem neuen glatten Deich um die **Ziltendorfer Niederung**. Vielleicht erinnern Sie sich an die Bilder von Kühen, die bis zum Bauch im Wasser standen und in Panik im Kreis liefen und vergeblich trockenes Gelände suchten. Fast hätte es diesen Deich und dieses trockene Land nicht mehr gegeben. Im Sommer 1997 stieg das Oderwasser wochenlang auf ungeahnte Höhen und trotz einem fast unmenschlichen Einsatz von über 10.000 Menschen, 8.000 Soldaten und 2.000 Freiwilligen musste die Niederung gegen Ende Juli evakuiert werden. Landesumweltminister Matthias Platzeck erwies sich hier das erste Mal als Deichgraf und Retter, indem er das Vieh evakuieren und die Polder öffnen ließ. Nach der Flut gab es eine lange Diskussion, ob der Deich wieder vorne am Fluss oder lieber weiter hinten neu errichtet werden soll. Wie wir sehen, wurde er wesentlich höher und breiter wieder vorne am Fluss errichtet.

Die Route am Oderdeich führt uns durch **Fürstenberg**, eine alte Stadt, die später Teil von Eisenhüttenstadt wurde. Schön ist der Blick von der Brücke über den Oder-Spree-Kanal auf die Kirche.

3 **Eisenhüttenstadt** ist so einzigartig, dass wir dieser Schöpfung im Stalinstil eine eigene Ortsbeschreibung gönnen, siehe **Ortsporträt Eisenhüttenstadt** (Seiten 172-173).

Nach einer eventuellen Besichtigung von Eisenhüttenstadt radeln wir den letzten Teil unserer Tour auf dem Oder-Neiße Radweg flussaufwärts nach Neuzelle. Am ***Wegepunkt*** *❺ verlassen wir den Deich und rollen auf das Kloster Neuzelle zu.*

Eisenhüttenstadt

4 **Kloster Neuzelle** wurde vom sächsischen Kloster Altzella bei Nossen in Sachsen aus besiedelt (nomen est omen). Einzigartig in der Mark ist die Umwandlung im Barock: in die alte gotische Zisterzienserkirche wird eine Holzkonstruktion eingebaut, die die niedrigere Barockdecke trägt. Darauf wird von italienischen Stuckateuren ein Schauspiel katholischer Pracht entwickelt, die erstaunlich harmonisch und überzeugend ist. Was man in Bayern und Böhmen erwarten darf, überrascht im Norden eben doch. Barocke Kirchenarchitektur ist im Norden eher selten.

Neben der katholischen Klosterkirche buhlen noch viele Gebäude um die Gunst des Betrachters. Selbst die evangelische „**Leutekirche**" zum Heiligen Kreuz im Dorf will nur beeindrucken. Auch sie stammt aus dem Barock, das Gewölbe sieht aus wie Wedgwood-Porzellan.

Was aber viele an Neuzelle noch mehr interessiert, ist der Streit, was hier mit Bier geschieht, was nach Bier schmeckt, aber nicht so genannt werden kann – und ob man hier wirklich in Bier baden kann. Ein Rechtsstreit, ob ein mit Zucker versetztes Schwarzbier wirklich „Bier" genannt werden darf, dauerte um die Jahrtausendwende geschlagene 13 Jahre, bis er zugunsten der Brauerei entschieden wurde. Wie auch immer, die Klosterbrauerei stellt viele verschiedene Sorten her, auch eine Verkostung im Ort ist möglich.

Klosterteich am Kloster Neuzelle

Vom Kloster radeln wir nur wenige hundert Meter nach Norden zum Bahnhof von Neuzelle, von wo wir mit der Bahn direkt nach Frankfurt (Oder) zurück fahren können.

Ortsporträt

Eisenhüttenstadt

Die heutige Stadt Eisenhüttenstadt besteht eigentlich aus zwei Städten: der alten Stadt Fürstenberg an der Oder und am Oder-Neiße-Radweg und zum anderen der neuen Stadt Eisenhüttenstadt, die ab 1950 als Wohnsiedlung für das gleichzeitig gebaute Eisenhüttenkombinat Ost gebaut wurde und zunächst Stalinstadt genannt wurde. 1961 wurden beide Städte vereinigt.

Was soll an DDR-Wohnsiedlungen interessant sein, mag sich mancher fragen? Nun, damals in den 1950er Jahren wollte man noch repräsentieren und baute sehr aufwändig. Heute wird das wieder sehr geschätzt, die Innenstadt ist Deutschlands größtes **Flächendenkmal**.

Eisenhüttenstadt hat etwas mit Neuruppin gemein: es sind aus einem Guss neu entwickelte Städte, jeweils aus einer Zeit in einem Stil. Aber verlaufen kann man sich nicht: im Süden steigt hinter dem prächtigen **Krankenhaus** der knapp hundert Meter hohe **Skihang** auf (ja, hinterm Odertal geht es ordentlich hoch!) und im Norden sieht man das graue **Stahlwerk**.

„Stahl - Brot - Frieden" stand auf den Plakaten zur Grundsteinlegung von Stalinstadt im Schnee des Januar 1951. Am zentralen Platz entstand das Haus der Parteien und Massenorganisationen, heute das **Rathaus**. Und am Rand der Bebauung die Großgaststätte Aktivist, Theater, Kino, Schulen, Krankenhaus – fast alles entstand im neoklassizistischen Stalin-Stil. Sogar ein Skilift wurde errichtet.

Nach der Wende war einige Zeit alles, was nach DDR roch auf einmal aus der Mode. Die Einwohnerzahl halbierte sich in wenigen Jahren. Es dauerte aber nicht lange und man besann sich auf die Schönheit dieser besonderen DDR-Stadt. Viele Menschen begannen das Alte wieder schätzen. In Eisenhüttenstadt wurden Filme gedreht, es wurde in Liedern vertont. Selbst Tom Hanks schwärmte nach einem Besuch von der Stadt.

Absolut lohnend ist die Besichtigung des **Museums „Utopie und Alltag. Alltagskultur und Kunst in der DDR"** (Erich-Weinert-Allee 3). Es hebt sich sehr von den vielen DDR-Museen ab, die entweder ein nostalgisch-verklärendes Produktsammelsurium präsentieren oder vor allem die Politik darstellen. Es ist eine mit viel Liebe zum

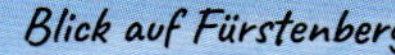

Blick auf Fürstenberg

Detail gemachte Darstellung der Alltagskultur.

Der Grund, warum die Stadt gerade hier entstand, ist der Kanal, der durch sie fließt. 1889 wurde eine Schleusentreppe am Oder-Spree-Kanal gebaut, die die 14 m zwischen Spree und Oder überbrückte. Bis heute finden wir auf der Karte den Hinweis auf den alten Abstiegskanal. 1929 wurde sie durch die bis heute arbeitende **Zwillingsschachtschleuse** ersetzt. Für die DDR war die Lage an Fluss und Kanal sehr wichtig: einerseits musste das Werk mit Kohle versorgt werden, andererseits der Stahl abtransportiert werden.

Rathaus von Eisenhüttenstadt

Die Stadt liegt am Rand des Odertals in einem waldreichen Gebiet an der Grenze zu Polen hat aber keinen Grenzübergang – die Brücke über den Fluss wurde im Weltkrieg zerstört und nie wieder aufgebaut.

Tour 25

59 km

In Lehde sind viele Häuser am besten per Kahn zu erreichen

Die klassische Spreewaldrunde mit Lübbenau

Rundtour von Lübben über Straupitz, Burg und Lübbenau

Diese Runde startet in Lübben und führt über Straupitz in den bekannten Hochwald mit seinen Fließen, an Lehde vorbei und über Lübbenau zurück. Der Spreewald ist sehr schön und eine der bekanntesten Reiseregionen Brandenburgs, insofern nicht gerade ein Geheimtipp.

Was erwartet mich?

59 km, eine komplett ebene Tour ohne Anstiege und Gefälle auf meist asphaltierten Wirtschaftswegen und teilweise naturbelassenen Wegen im Schutzgebiet.

Wie komm' ich hin?

ÖPNV: Bahnhof Lübben

Mit dem Auto: auf der A 13 bis zur Ausfahrt Lübben

Was muss ich sehen?

1. **Wohn- und Wehrturm** in Lübben
2. **Schinkelkirche** in Straupitz
3. **Museumsdorf** Lehde
4. **Lynarschloss** in Lübbenau

Wo tank' ich auf?

Gasthaus zur Byttna
Cottbuser Straße, Straupitz

Gasthaus Kaupen Nr.6
Lübbenau

Gaststätte Kinoklause
Poststr., Lübben

Altes Gärtnerhaus
Houwalddamm, Lübben

Tour 25

Tipp: Den Spreewald muss man gesehen haben, aber vielleicht nicht gerade an einem Sonntag im Sommerhalbjahr. Dann ist halb Berlin da. Kombinieren lässt sich die Spreewaldrunde mit einer Tour durch den Unterspreewald.

Tourstart

*Vom Bahnhof in Lübben radeln wir über die Bahnhof-, links Friedensstraße geradeaus durch den Hain in die Altstadt und passieren die **Knoten** 73 und 75.*

Auf der Breiten Straße steht eine der typischen prächtigen sächsischen **Postmeilensäulen**. Der Spreewald und fast der ganze Süden Brandenburgs gehörte 1815 zu Sachsen.

Die zentrale Kirche Lübbens ist heute nach **Paul Gerhardt** benannt. Er war einer der berühmtesten evangelischen Kirchenliederdichter. Vieles, was heute in den Gottesdiensten gesungen wird (manchmal auch von den Katholiken) stammt von ihm, der hier in Lübben nach seiner Verbannung aus Berlin tätig war. Der brandenburgische Kurfürst nahm damals offiziell die Religion der calvinistischen Einwanderer an, um die Einwanderung zu fördern. Gerhardt duldete diese Vermischung nicht – so musste der Lutheraner Gerhardt Brandenburg verlassen und wanderte ins damalige Sachsen nach Lübben aus. 1676 wurde er hier in der Kirche beigesetzt. Ein Denkmal für ihn steht vor der Kirche.

Im Inneren ist die gotische Hallenkirche durch Einbeziehung einer Vorgängerkirche und Einbauten der 30er Jahre beeinflusst. Der Altar ist aus bemaltem Sandstein in einer Mischung aus Manierismus und Barock.

Das sogenannte Schloss von Lübben

Das sogenannte **Schloss** in Lübben ist eigentlich ein 1 **Wehrturm** aus dem 13. Jahrhundert mit Anbauten zum Regieren in der Renaissance und zum Wohnen aus dem Barock sowie der späten Kaiserzeit. Die komplizierte Bauweise ist sowohl dem Sitz des Landvogts geschuldet wie auch dem Wechsel der Zugehörigkeit erst zu Sachsen und nach dem Wiener Kongress 1815 zu Preußen. Der Wappensaal aus der Kaiserzeit ist heute bei Hochzeitspaaren sehr beliebt. Auffällig sind die großen roten Buchstaben „Schloss" vor dem Gebäude. Sie zeigen an, dass das Konglomerat von manchen Touristen gar nicht als Schloss zu erkennen ist.

Was wir die nächsten Stunden durchradeln, ist noch nicht der schattenspendende Spreewald, den viele von Fotos kennen. Zuerst erleben wir die freie offene Wiesenlandschaft.

*Wir verlassen Lübben mit den Schildern von Gurkenradweg und Spreeradweg von **Knoten** 82 zu **Knoten** 77. Im Wiesenteil des Spreewalds fahren wir auf autofreien Wegen beidseits des Nordumfluters nach Osten über die **Knoten** 37, 12, rechts 63 und fast bis zum **Knoten** 33. In Neu Zauche raten wir rechts den ruhigen Weg über die Straße Weinbergsiedlung in Richtung Straupitz zu fahren, die Beschilderung des Gurkenradweges folgt dagegen links durch die Innenstadt von Neu Zauche und den Radwegen an der Straße. Auf der Cottbuser Straße treffen wir wieder auf den Gurkenradweg und fahren rechts zum **Knoten** 38.*

Die etwas unbescheidene Dorfkirche von Straupitz

Straupitz bedeutet ungefähr so viel wie Gestrüpp. Die 2 **Kirche** von Straupitz hat eine monumentale Fernwirkung. Sie wurde 1826 von Schinkel als Normkirche mit 1.700 Sitzplätzen entwickelt. Das Dorf hat heute ungefähr halb so viel Einwohner und war unseres Wissens nur nach dem Weltkrieg durch die vielen Flüchtlinge mal so groß, dass es die Kirche füllen konnte.

*Nun geht es nach Süden zum **Knoten** 29 und damit in das weitverzweigte Dorf Burg über folgende **Knoten**: 44, 48, 49, 51, 52, 55, 54, 56, 57 und 47.*

Es scheint, im Raum Burg hat jemand ein Füllhorn an Knotenpunkten ausgeschüttet. Burg galt mit seinen Kleinbauernsiedlungen Burg Kauper und Burg Kolonie als flächenmäßig größtes Dorf der DDR. Heute nach etlichen Verwaltungsreformen gibt es freilich so manche größere Gemeinde. Burg beeindruckt durch seine Einzelhöfe, die fast immer an einem Fließ liegen.

*Endlich erreichen wir hinter Leipe (**Knoten** 8) den Eingang in den eigentlichen Wald. Bis zum **Knoten** 6 fahren wir auf schmalen Wanderwegen.*

Der **Spreewald** ist einzigartig in Europa, denn er ist ein parkartiges Binnendelta. Der Fluss verzweigt sich hier in Hunderte von Wasserarmen, größere und ganz kleine. Von Natur aus wäre alles zwischen den Wasserläufen Wald, aber der Mensch hat dem Wald Flächen des kostbaren Bodens abgerungen und Gemüsefelder und Wiesen angelegt. Dadurch entsteht der parkartige Charakter: Der Wechsel von Licht und Schatten und das

Tour 25

Freilandmuseum von Lehde

hohe Wasserangebot lieben auch Tier und Pflanzen. Daher wurden mehr als 6.000 Arten im Spreewald gezählt, als man ihn zum Biosphärenreservat erklärte. Für einen Nationalpark eignet er sich nicht, weil der Wald vom Tourismus lebt. So wurde nur der Kernbereich des Waldes zwischen Leipe und Alt Zauche zum Naturschutzgebiet erklärt. Durch das Gelände ziehen sich über 1.500 km flache Fließe, die gestaut sind und über die man Kähne staken kann. Was der Bootsmann in der Hand hält, erinnert an das einseitige, lange Ruderblatt in Venedig, aber hier heißt es Rudel. Es handelt sich um eine vier bis sechs Meter lange Stocherstange. Im Winter kann/konnte man kilometerlang auf dem Eis Schlittschuhlaufen.

Die Nordseite des Waldes, ist weiter weg von Bahn und Autobahn, da ist es ruhiger. Für die Rast, oder die Kahnfahrt ist im Sommer Mückenschutz unerlässlich, beim Radeln ist es nicht so gefährlich. Tipp: schalten Sie das Licht im Hochwald ein und kalkulieren Sie mehr Zeit als sonst. Die Hauptwege sind schmal und voll mit Radlern und Fußgängern.

Eine Besonderheit im Spreewald sind die **sorbischen Bräuche**. Einst war der ganze Nordosten von slawischen Bewohnern besiedelt. In der Lausitz und hier vor allem im Spreewald hat sich die eigene slawische Sprache bis in die Gegenwart gehalten. Wir stoßen hier immer wieder auf zweisprachige Ortsschilder.

Im Winter wird mit dem „**Zampern**" der Lebenswillen demonstriert, gelärmt und Eier und Speck verprasst. Zu Ostern wird mit großen Feuern der Winter endlich ganz vertreiben, dabei reiten die Männer in die Nachbardörfer. Die Zeit dazwischen wird genutzt, um ausgeblasene Ostereier kunstvoll zu verzieren. Der Brauch, zu Ostern die Sträucher mit bunten Eiern zu schmücken, kommt hier her. Er wurde inzwischen von den Discountern übernommen, weil es sich so praktisch mit Plastik nachmachen lässt. Die sorbische Minderheit ist seit 1912 und wieder ab 1945 in der Organisation Domowina (Heimat) vertreten. Viele Strukturen und Dorfnamen wurden aber in der Nazizeit vernichtet. Mehr Infos dazu gibt es im **Museum in Lehde**.

Reisemobilstellplätze an oder nahe der Route:

Spreewald Caravan- und Wohnmobilpark „Dammstrasse"
Lübbenau

Landgasthof Zur Wildbahn
Wildbahnweg, Burg

Kurz vor Lübbenau liegt rechter Hand ausgeschildert das **3 Museumsdorf Lehde**, welches nur über steile Holztreppen zu erreichen ist, da eben hier der Kahn das Hauptverkehrsmittel darstellt. Berühmt ist der Ort dadurch, dass in der warmen Jahreszeit die Post per Schiff an die Häuser ausgeliefert wird.

Der Spreewald war schon zu Fontanes Zeiten ein beliebtes Ausflugsziel. In der DDR konzentrierte sich der Kahntourismus auf den Hafen Lübbenau, heute verteilt es sich etwas, obwohl Lübbenau immer noch besonders hoch frequentiert ist. In Lübbenau zeigt die Naturwacht eine Ausstellung mit einem Biberbau im Haus für Mensch und Natur.

*Durch Lübbenau rollen wir auf den **Knoten** 26 zu.*

Das imposante Schloss von Lübbenau

Beim **4 Schloss in Lübbenau** muss man, ander als in Lübben, nicht extra erklären, dass es eines ist. Die ehemalige Wasserburg wurde zur Schinkelzeit sehr großzügig erweitert. Heute ist die hohe Zweiflügelanlage ein Hotel. Hier wohnte die Familie der Grafen von Lynar, die konnten sich was leisten, nachdem sie für den Kurfürsten die Zitadelle Spandau erreichtet hatten.

Die **Kirche** von Lübbenau ist nur einschiffig und stammt aus dem Barock. Sie kommt so richtig sächsisch beschwingt daher. Kein Wunder, sie wurde von den Dresdner Hofkünstlern im feinsten Rokoko ausgeschmückt. Das sie trotzdem kein süddeutscher Schnörkeltanz geworden ist, hat sie ihrer Funktion als ständische Adelskirche zu verdanken: gleich zwei wuchtige Logen sind komplett verglast und so gebaut, dass die Herrschaft nur zu sehen war, wenn sie sich am Fenster zeigt.

Der Hauptraum ist von der doppelten Empore geprägt. Es war ja lange üblich, in Kirchen nach Geschlechtern zu trennen – die Männer unten und die Frauen auf einer Empore. Warum es hier drei Stockwerke gibt? Vielleicht für die Kinder?

*Den trubeligen Ort verlassen wir spreeabwärts über die **Knoten** 2, 31, 84 und kommen geradeaus wieder nach Lübben. Zwischen den **Knoten** 83 und 81 passieren wir die Brücken über den Lübbener Kahnhafen. Durch die Altstadt (**Knoten** 75) von Lübben und den schon vom Start der Tour bekannten **Knoten** 73 im Hain gelangen wir wieder zum Bahnhof Lübben.*

Tour 26

68 km

Um die Karpfenteiche und zu den Gurken

Picknick im Spreewald

Rundtour ab Lübben über Schlepzig und Märkisch Buchholz

Diese Tour führt einmal durch den ganzen Unterspreewald. Hier ist der Wald leerer als im Oberspreewald und hier gibt es mehr Teiche. Und damit es diesmal etwas spannender wird, haben wir auch den höchsten Berg der Region mit 144 m mit eingeplant. Denn hier steht ein Aussichtsturm mit einer fantastischen Fernsicht.

Was erwartet mich?

68 km, eine ebene Tour (fast) ohne Anstiege und Gefälle auf einem Mix von Straßen, asphaltierten Wirtschaftswegen, naturbelassenen Wegen.

Wie komm' ich hin?

ÖPNV: Bahnhof Lübben (RE2 und RE7)

Mit dem Auto: auf der A 13, Ausfahrt Lübben

Was muss ich sehen?

1. **Fischteiche** im NSG Sommerteich
2. **Aussichtsturm** Wehlaberg
3. **Fachwerkkirche** Rietzneuendorf

Wo tank' ich auf?

Cafe an der Spree
Schlepzig

Gasthof zum Unterspreewald
Dorfstr.,Schlepzig

Fischrestaurant Zum Köthener
Köthen

Herrmanns Marktwirtschaft
Am Markt, Märkisch Buchholz

Kinoklause
Poststraße, Lübben

Kartentipp: **ADFC-Regionalkarte Spreewald/Berliner Seengebiet**

Tour 26

Tipp: Fernglas wegen der vielen Wasservögel und der Rundumsicht vom Aussichtsturm Wehlaberg mitnehmen.

Tourstart

*Wir starten am Bahnhof Lübben und folgen den Schildern über die Friedenstraße durch den Hain bis zum **Knoten** 73, biegen links ab und fahren über den **Knoten** 72 zur 79 auf einem alten Bahndamm. Hier geht es rechts ab mit der Ausschilderung nach Schlepzig. über den **Knoten** 78.*

Lübben war bis 1815 sächsisch: Es war daher die Wirkungsstätte von **Paul Gerhardt**, der nicht mehr in Berlin als Pfarrer arbeiten durfte, weil er als Lutheraner dem Calvinismus der Hugenotten nichts abgewinnen konnte. Die zentrale Kirche Lübbens ist heute nach ihm benannt. 1676 wurde Paul Gerhardt hier in der Kirche beigesetzt – ein Denkmal für ihn steht vor der Kirche. Im Inneren ist die gotische Hallenkirche durch Einbeziehung einer Vorgängerkirche und Einbauten der 30er Jahre beeinflusst. Der Altar ist aus bemaltem Sandstein in einer Mischung aus Manierismus und Barock.

Große Fischteiche neben der Spree zwischen Lübben und Schlepzig

Das sogenannte **Schloss** in Lübben ist eigentlich ein **Wehrturm** aus dem 13. Jahrhundert mit Anbauten zum Regieren in der Renaissance und zum Wohnen aus dem Barock sowie der späten Kaiserzeit. Die komplizierte Bauweise ist sowohl dem Sitz des Landvogts geschuldet wie auch dem Wechsel der Zugehörigkeit erst zu Sachsen und nach dem Wiener Kongress 1815 zu Preußen. Der Wappensaal aus der Kaiserzeit ist heute bei Hochzeitspaaren sehr beliebt.

Am **Knoten** 79 in Lübben gibt es einen **Kletterwald**.

Zu DDR-Zeiten brüteten in der Stadt Lübben noch die seltenen **Schwarzstörche**, da diverse Fischteiche ihnen genügend Nahrung boten. Auf manchen Karten kann man die ehemaligen Teiche westlich der Spree noch erkennen. Heute existieren nur noch die Teiche östlich der Spree.

*Vom **Knoten** 78 radeln wir spreeabwärts zum **Knoten** 88 in Schlepzig.*

Beiderseits der Ausflugsgaststätte Petkamsberg erstecken sich unterschiedlich große 1 **Fischteiche**.

Schlepzig hat eine dieser typischen bescheidenen evangelischen **Fachwerkkirchen** aus der Barockzeit und die **Alte Mühle** beherbergt eine „Ausstellung der Naturwacht" zum Spreewald. Wenn man am Frosch vorbei durch den Vorhang schlüpft, befindet man sich optisch unter Wasser.

Ein Stück weiter lockt nahe dem idyllischen Spreewaldhafen die **Alte Brauerei 1888** für eine Pause und ein Weidendom. 300 m westlich des Ortes steht am Zerniasfließ ein **Vogelbeobachtungsturm**.

Wir tauchen nun in einen Wald ein, der etwas an den Hochwald bei Lübbenau erinnert. Auch hier gibt es Wehre und Fließe, aber es ist anders. Das Wasser ist flotter und klarer, es gibt mehr Vögel und weniger Menschen. Denn es fehlen die Hütten und damit die Jausen im Wald. Es ist einfach Natur. Über 40 Libellenarten und mehr als 800 Schmetterlingsarten leben hier.

*Vom **Knotenpunkt** 88 fahren wir links über Krausnick (**Knoten** 87) rechts auf die Krausnicker Berge (**Knoten** 12) zu.*

Es steigt ordentlich an und das auf weichem Boden, da wird einem warm. Etwas nördlich der Radroute aber gut ausgeschildert ist der **Wehlaberg**. Auch wenn die Wege im Mischwald etwas sandig sind, es lohnt.

Auf dem höchsten Punkt der Krausnicker Berge, dem 144 m hohen Wehlaberg steht ein stattlicher 2 **Aussichtsturm**, von dem man einen fantastischen Blick auf die Landschaft hat. Unter einem die weiten Wälder, besonders schön zu Zeiten der herbstlichen Laubfärbung. [Foto] An klaren Tagen kann man bis Berlin schauen. Besonders beeindruckend ist es, zum Jahreswechsel das Berliner Feuerwerk nur aus der Ferne zu sehen und nichts zu hören. Der Unterspreewald hat absolutes Böllerverbot wegen seiner vielen seltenen Tiere.

Blick vom Aussichtsturm Wehlaberg auf bunte Wälder und die Halle von Tropical Islands

Aussichtsturm Wehlaberg

Früher wurden die Wege am Spree-Dahme-Kanal im Frühjahr regelmäßig überflutet

Ganz nahe liegt im Südwesten das **Tropical Islands**. Eine riesige Halle, die einst für den Cargolifter-Zeppelin gebaut und 2004 zu einem Vergnügungsbad umgebaut wurde. Die 360 Meter lange, 210 Meter breite und 107 Meter hohe Halle ist sicher einer der größten der Welt. Um die Halle herum liegen Hütten und Wohnmobilstellplätze und auch ein Campingplatz.

*Die Abfahrt vom Wehlaberg machen wir in einer großen flachen Serpentine und erreichen Köthen beim **Knotenpunkt** 14. Vom hier geht es weiter zum **Knoten** 18 in Märkisch Buchholz.*

Die **kleinen Seen** am Fuße der Krausnicker Berge entstanden vor 20.000 Jahren als sich das Eis langsam zurückzog und einzelne Toteisblöcke am Rand der Moräne zurücklies. Es ist sehr still hier, nur einzelne Angler sind zu sehen, die Bäume ragen mit ihren Ästen über das ruhige Wasser der kleinen Waldseen.

Märkisch Buchholz hat keine tausend Einwohner, ist aber seit Jahrhunderten eine Stadt. Ihren jetzigen Namen erhielt die Stadt erst durch die Nazis, vorher hieß es Wendisch Buchholz. Aber die Wenden waren Slawen, und solche Namen waren damals ein Dorn im Auge. Nach dem Krieg hat man sich gesagt „Märkisch" klingt auch ganz schön und es dabei belassen. Auch der Fluss Dahme, den wir nun erreicht haben, wurde von unserem Heimatdichter Theoder Fontane immer als „Wendische Spree" bezeichnet. Der Ort beherbergt eine künstliche **Kaskade**. Sie liegt am Ende eines Kanals, mit dem ein Teil des Spreewasser in einer künstlichen Bifurkation (Teilung) in Leibsch zur Dahme geleitet wird.

*Nun fahren wir den Dahmeradweg aufwärts zum **Knoten** 16, 7 und 8 in Briesen.*

Am **Oderiner See** gibt es schöne Badestellen.

Briesen beherbergt ein stattliches **Schloss**, was sich aber beim zweiten Hinsehen als moderne Anlage entpuppt. Das Haus wurde im 20 Jh. von einem Berliner Unternehmer gebaut und war eine der typischen Partylocations der „Goldenen Zwanziger". Heute versucht man wieder an diese Tradition anzuknüpfen, nachdem das Haus in der Zwischenzeit Erholungsheim für Werktätige des Braunkohleabbaus war.

Fachwerkkirche von Rietzneuendorf

*Weiter geht es über den **Knoten** 64 zu den **Knoten** 66 und 68 in Rietzneuendorf.*

Zwischen Briesen und Staakow überqueren wir die Dahme an einer ihrer vielen typischen **Wassermühlen** – aber ohne Wasser, das von oben über ein riesiges Holzrad in die Tiefe stürzt. Nein, norddeutsche Wassermühlen sehen nicht aus wie auf der Eisenbahn im Wohnzimmer. Und diese hier schon gar nicht.

Rietzneuendorf hat eine süße 3 **Fachwerkkirche** mit einer Patronatsloge. Vor der Kirche ist ein Picknickplatz mitten auf dem Dorfanger.

*Vorbei an einem Motocross-Gelände steuern wir den **Knoten** 63 an und weiter zum **Knoten** 62 in Lubolz.*

Die Wegweiser sind lustig, denn wo sieht man schon mal eine radelende Gurke. In Wirklichkeit ist das mit den vielen Gurken hier eine anstrengende Sache. Nur noch wenige Deutsche sind bereit, Gurken zu ernten, denn man liegt dabei auf einem sogenannten Gurkenflieger, also einem flügelähnlichen Ausleger eines Traktors und erntet die Gurken im Akkord im Liegen. Damit der Kopf nicht runterfällt muss er mit Bändern gesichert werden.

Am **Knoten** 62 passieren wir den Bahnhof Lubolz, von hier fahren auch Züge nach Berlin.

*Das letzte Stück bis zu unserem Ausgangspunkt führt über die **Knoten** 65 und 69 zum **Knoten** 71 am Ortsrand von Lübben. Hier geht es rechts ab (Richtung **Knoten** 73) zum Bahnhof.*

Reisemobilstellplätze an oder nahe der Route:

Caravan Stellplatz am Mühlstein
Mühlsteinweg,
Lübben Radensdorf

Stellplatz Tropical Islands
Krausnick

Tour 27

Der Senftenberger See mit vielen romantischen Buchten

52 km

Ausgekohlt und abgefüllt – jetzt glitzert es fein

Rundtour von Senftenberg über Großkoschen und Geierswalde

Das Lausitzer Seenland ist Natur aus zweiter Hand: Jahrzehntelang fraßen sich die Abraumbagger durch die Landschaft über den Braunkohlelagerstätten. Viele Güterzüge voll Kohle fuhren von hier. Inzwischen laden in den Tagebauen die ersten Seen zur Nutzung ein. Viel Platz für eine entspannte Seenradtour auf schönen Radwegen.

Was erwartet mich?

52 km, eine ebene Tour ohne Anstiege und Gefälle überwiegend auf asphaltierten separaten Radwegen, meist am Ufer der neuen Seen.

Wie komm' ich hin?

ÖPNV: Bf. Senftenberg (aus Berlin RE7, weitere Verbindungen in andere Richtungen.)

Mit dem Auto: über die A 13 bis zur Ausfahrt Klett-witz

Was muss ich sehen?

1 **Gartenstadt Marga**, Senftenberg

2 **Insel** im Senftenberger See

3 **Aussichtsturm Rostiger Nagel**

Wo tank' ich auf?

Marktcafe
Markt, Senftenberg

Restaurant Seestern
Zur Südsee, Großkoschen

Leuchtturm
Windspitze, Geierswalde

Sup Center Beach Bar
Wohnhafen, Geierswalde

St. Hubertusklause
Markt, Senftenberg

Kartentipp: **ADFC Regionalkarte Niederlausitz**

Tour 27

Natur aus zweiter Hand: die Insel im Senftenberger See

Tourstart

*Wir starten am Bahnhof Senftenberg und fahren nach Süden durch die Innenstadt über die **Knoten** 37, 36 und 35 zum See.*

Wir kommen direkt durch die Innenstadt zum Markt mit einem Mix von Gebäuden aus sehr unterschiedlichen Zeiten. Die **Stadtkirche**, St. Peter und Paul, stammt aus dem 13. Jahrhundert.

Senftenberg hat eine **Burg**, ehemals eine Wasserburg, die in der Renaissance mit einem Erdwall zur Festung ausgebaut wurde. Sie beherbergt heute das Kreismuseum. Wir kommen auf dem Weg von der Altstadt zum Seeufer daran vorbei.

Immer wieder begegnen wir auf dieser Tour heute einem Teufel auf einem Fahrrad auf den Schildern. Aber natürlich können wir die von ihm markierte 505 km lange Niederlausitzer Bergbautour nur zu einem kleinen Teil anbieten. Zuerst kommen wir zum **Senftenberger See**. Der Senftenberger See ist eine der älteren Seen in einem Braunkohletagebau, er entstand noch zu DDR-Zeiten.

*Vom **Knoten** 35 orientieren wir uns zum **Knoten** 30, gegebenenfalls mit einem Abstecher in die Gartenstadt Marga.*

Im Stadtteil Brieske (auf Deutsch kleine Birke) lohnt die denkmalgeschützte 1 **Gartenstadt Marga** einen Abste-

cher. Ab 1907, also noch im Kaiserreich, wurde eine Gartenstadt für die Angehörigen des Ilse Bergbau errichtet. Es ist ein sehr frühes Beispiel für eine Arbeitersiedlung mit guten Versorgungseinrichtungen. Der Grundriss ist interessant: es wickelt sich eine Spirale um die aufwändige Kirche und wird von einem asymmetrischen Stern aus wenigen Radialen durchbrochen.

Tipp: Die kleine Runde um den Senftenberger See ist nur 18 km und damit sehr familienfreundlich.

Weiter geht es über den ***Knoten*** *7 zum* ***Knoten*** *31 in Großkoschen.*

Gartenstadt Marga

Dazwischen kommt erst eine FKK-Badestelle und ein lohnender Aussichtsturm. Zwar kann man den See die ganze Zeit zur Linken glitzern sehen, aber erst von oben begreifen wir die unglaubliche Form der 2 **Insel** in der Mitte. Die Bagger schaufelten nur die schwarze Kohle in die Güterzüge. Das helle unbrauchbare Deckmaterial aus Sand und Ton, wurde sozusagen über die Schulter geworfen. Da der Bagger auf Schienen fuhr und ruckartig immer ein paar Meter weiter rutschte, entsteht diese hundertfache Fingerstruktur des Abraums und in diesem Fall der Insel. Sie ist übrigens nach der Reichenau im Bodensee die zweitgrößte Insel in einem deutschen Binnensee. Wegen der Gefahr von Hangrutschen und auch aus Naturschutzgründen ist Betreten streng verboten.

Das Lausitzer Seenland wird mit ca. 25 Seen und ca. 80 km Ausdehnung die größte künstliche Seenplatte Europas werden, wenn es wieder regnet wie früher. Die Pläne sind durch die trockenen Sommer ab 2018 durcheinander geraten. Denn es ist wichtig, dass Oberflächenwasser in die Seen gelangt – wenn sie nur durch aufsteigendes Grundwasser gefüllt werden, werden sie zu sauer.

*Wir radeln über die **Knoten** 32, 33 zum **Knoten** 34 an der Elsterunterquerung und weiter zum **Knoten** 45.*

Die Elsterunterquerung ist eine künstliche Wasserkreuzung auf unterschiedlichem Niveau. Wieder ein Zeichen, wie stark der Mensch in der Lausitz in die Natur eingreift.

Der Rostige Nagel ist Kunstwerk und Aussichtsturm

Nun umrunden wir nacheinander drei große Tagebauseen. Heute werden sie nach unangenehmen Erfahrungen mit Hangabbrüchen anders angelegt als der Senftenberger See zu DDR-Zeiten. Die Ufer werden viel stärker planiert als damals, dadurch gibt es weniger aufregende Landschaftsformen.

Die drei großen Seen, die wir nun umrunden, sind unterschiedlich alt. Die Flutung des Geierswalder Sees wurde 2013 abgeschlossen, schon 2006 begann die touristische Nutzung. Der Partwitzer See folgte einige Jahre später. Die Flutung des Sedlitzer Sees dauert noch an.

Auf der schmalen Landzunge zwischen Sedlitzer und Geierswalder See kommen wir an der Landmarke dem 3 **Aussichtsturm Rostiger Nagel** vorbei – es lohnt, die Treppen hinauf zu steigen. Die Aussicht führt weit über das neue Seenland. Der Bau entstand 2008, es ist ein Stahlbau, der Rost soll an die einstigen Tagebaumaschinen erinnern.

*Die Tour führt jetzt zum **Knoten** 27 in Geierswalde, von dort zum **Knoten** 28 an der Brücke zwischen Partwitzer und Neuwieser See und dann nach Norden zum **Knoten** 29.*

Das Südufer des **Geierswalder Sees** wird sehr intensiv touristisch genutzt – ein kleiner Abstecher in den Ort Geierswalde lohnt allemal.

Der **Partwitzer See** ist durch die Halbinsel Scado in zwei Teile geteilt; diese darf aus Sicherheitsgründen nicht betreten werden. Der Name erinnert an ein Dorf, das dem Tagebau weichen musste. Die sonnigen Nordufer sind recht begehrt, da wo es möglich ist, drängen die Leute an die Ufer.

Tipp: Im Herbst wird es hier ruhiger. Dann kommt man auch eher in den Genuss eines Sonnenuntergangs über dem Wasser.

Stadthafen von Senftenberg

*Wir fahren weiter zum **Knoten** 50 am Sedlitzer See und weiter zu 51, 52 und 20.*

Der **Sedlitzer See** ist noch in Flutung. Er soll bald für einige Jahre der größte See Brandenburgs werden. Noch ist der Schwielochsee nördlich des Spreewalds größer. Wieder ein paar Jahre später soll ein anderer Tagebausee, der Cottbuser Ostsee, den Sedlitzer See überholen. Wer weiß, ob es dazu dann dafür genug Wasser geben wird. Hinter dem Dorf Lieske finden wir einen Gedenkstein für das Dorf Sorno, das nun auf dem Grunde des Sees liegt.

Der Sedlitzer See wird bald der größte See Brandenburgs sein

*Jetzt verlassen wir den Sedlitzer See und fahren zum **Knoten** 21 am Großräschener See.*

Zwischen dem Sedlitzer und dem Großräschener See (früher nach dem Namen des einstiegen Tagebaus Ilsesee genannt) folgen wir der Passage entlang des Kanals, der die beiden Seen verbindet. Wenn die Flutung abgeschlossen ist, werden hier Schiffe fahren.

*Die letzten beiden **Knoten** 48 und 46 führen uns wieder nach Senftenberg zurück und wir kommen dort direkt am Bahnhof an.*

Reisemobilstellplätze an oder nahe der Route:

Wohnmobilstellplatz Buchwalde
Buchwalder Straße, Senftenberg

Tour 28

Die alten Sperenberger Gipsbrüche sind nun tiefe Seen mit klarem Wasser

33 km

Durch die Verbotene Stadt zum tiefen Loch

Eine Rundtour ab Zossen über Sperenberg und Wünsdorf

Diese Tour führt zu vielen Zeugnissen jüngerer Geschichte im nahen Umland von Berlin. Eine einfache Runde mit vielen Sehenswürdigkeiten: die Gipsbrüche bei Sperenberg mit dem einst tiefsten Bohrloch der Welt oder die „Verbotene Stadt" Wünsdorf mit vielen Spuren der Militärgeschichte.

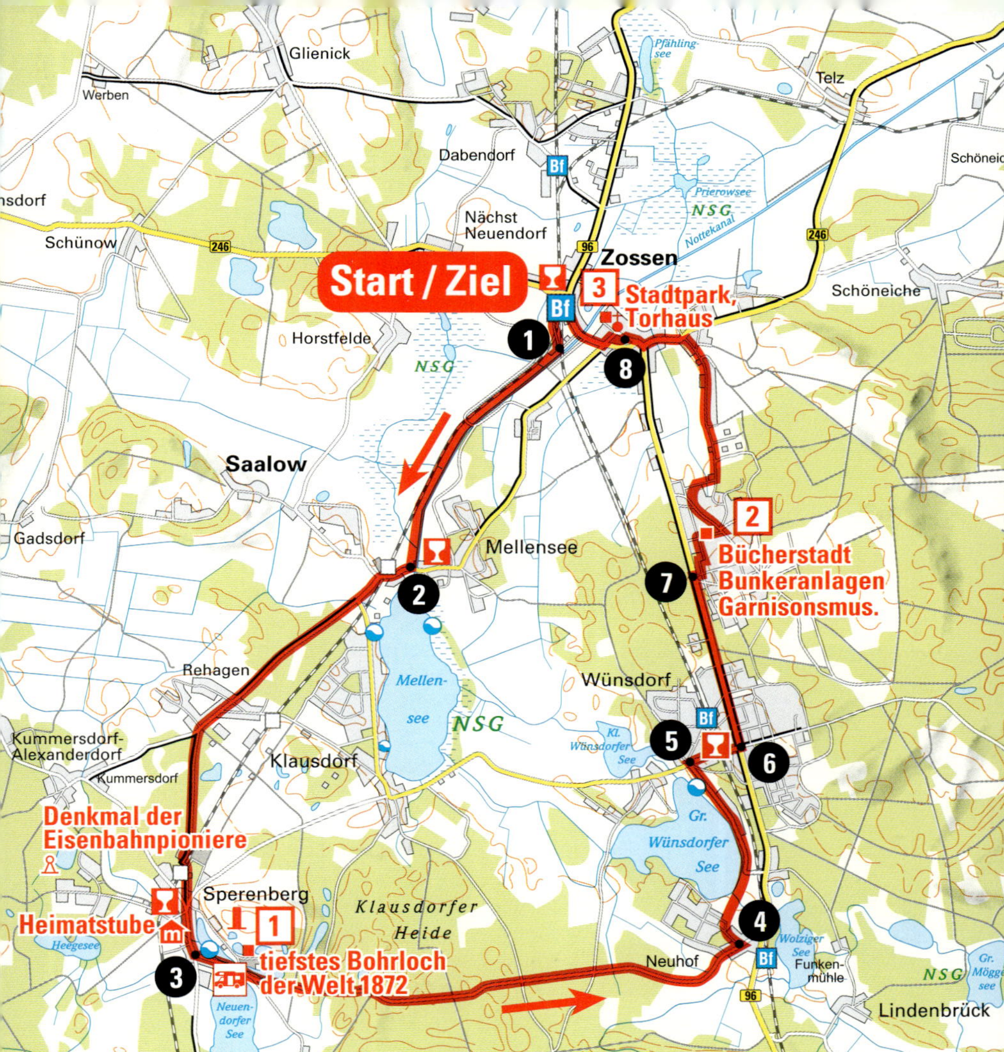

Was erwartet mich?

33 km, zwischendurch auch einige Badeseen, weitgehend feste Beläge, allerdings ein relativ hoher Anteil an Straßen.

Wie komm' ich hin?

ÖPNV: Bahnhof Zossen, RE8 und RB24 (Züge halten auch in Wünsdorf)

Auto: B246, B96

Was muss ich sehen?

1 **Gipsbrüche**, Sperenberg (mit dem einst tiefsten Loch der Erde)

2 **Militärrelikte in Waldstadt** (Wünsdorf)

3 **Innenstadt von Zossen**, mit Resten der alten Burg

Wo tank' ich auf?

Fischhof
Hauptstr., Mellensee

Zum Alten Krug
Karl-Fiedler-Straße, Sperenberg

Restaurant Piroschka
Am Bahnhof, Wünsdorf

Lok Lounge
Im Bahnhof, Zossen

Kartentipp: **ADFC Regionalkarte Berlin u. Umgebung**

Tour 28

Tipp: Die Tour ist nur am Kanal familiengeeignet. Wer eine kleine Tour mit Kindern machen will, fährt ggf. nur bis Mellensee zur Badestelle und auf demselben Weg zurück.

Tourstart

*Wir starten am Bahnhof Zossen. Am einfachsten nutzen wir den westlichen Tunnelausgang und fahren die Straße An den Wulzen hinunter zum Nottekanal (**Wegepunkt ❶**). Wer auf der anderen Seite des Bahnhofs ankommt, startet am Bahnhofsvorplatz nach rechts und gelangt rechts über die Bahnhofstraße zum Kanal. Am Oertelufer biegen wir rechts ab und nutzen den Bahnübergang bzw. die danebenliegende Wegunterführung (ohne Stufen).*

Auf dieser Tour stoßen wir allerorten auf Spuren alter Militärgeschichte – und es geht gleich zu Anfang los: auf der Westseite der Gleisanlagen finden wir außer dem Hauptgebäude auf der Ostseite noch ein weiteres Bahnhofsgebäude in typisch preußischer Backsteinarchitektur. Das war der **Bahnhof der Königlich Preußischen Militäreisenbahn**. Diese verband Berlin mit dem großen Schießplatz in Kummersdorf, später auch mit der dortigen Heeresversuchsanstalt und dem wichtigen Militärstandort Jüterbog. Die erhaltenen Reste der Strecke und alle Bahnhofsgebäude dort stehen unter Denkmalschutz. Bis Ende der 1990er Jahre war die Strecke in Betrieb, heute kann man am Zossener Militärbahnhof Draisinen mieten und auf eigene Faust ein Stück der Strecke abfahren.

Bahnhof Mellensee mit Erfrischungshalle an der Draisinenstrecke von Zossen

Der **Nottekanal**, den wir nach wenigen hundert Metern erreichen, hängt mit dem zweiten großen Thema dieser Tour zusammen: dem Gipsabbau. Bereits im 16. Jahrhundert wurde das Flüsschen Notte mit einigen Staustufen schiffbar gemacht. Aber das reichte irgendwann nicht mehr. Zwischen 1856 und 1864 startete ein umfangreiches Projekt zur weiteren Regulierung der Notte, so dass auch größere Lastkähne passieren konnte. Davon profitierte der Gipsabbau bei Sperenberg ganz entscheidend. Außerdem siedelten sich am Kanal immer mehr Ziegeleibetriebe an. Erst nach dem Bau der Eisenbahn ging der Verkehr auf dem Kanal zurück.

*Wir folgen dem Nottekanal auf einem schönen unbefestigten, aber gut befahrbaren Weg entlang des Ufers nach Mellensee (**Wegepunkt ❷**). Dort stoßen wir an der Straße Bahnhofsallee auf die Beschilderung des Radwegs Berlin–Leipzig, der wir rechts über Rehagen nach Sperenberg folgen.*

Auch in Mellensee gibt es noch einen alten Bahnhof der Militäreisenbahn. Dazu gibt es eine ebenfalls denkmalgeschützte „Erfrischungshalle", ein kleiner Kiosk am

Nottekanal – damals ein wichtiger Transportweg

Bahnsteig. Diese wird in der Saison noch als solche genutzt, auch Minigolf kann man hier spielen. An beiden Ufern des Mellensees gibt es Badestellen aber nicht direkt an der Route.

Die Wälder um Rehagen und Sperenberg wurden militärisch genutzt, Spuren lassen sich an vielen Stellen finden. Zuletzt saß dort bis Anfang der 1990er Jahre die sowjetische Armee. Westlich von Sperenberg betrieb sie einen Flugplatz, der in den 1990er Jahren als möglicher Standort für den neuen Großflughafen für Berlin im Gespräch war. Im Kaiserreich gehörte der Bereich um Sperenberg zur **Heeresversuchsanstalt Kummersdorf**. Hier saß ein Bataillon der Eisenbahnpioniere. Im westlich des Ortes gelegenen Schumkasee und dem benachbarten Heegesee gibt es über hundert Jahre alte Reste von Eisenbahnbrücken, die zu Versuchszwecken dienten. Das Areal ist nicht öffentlich zugänglich, es können aber Führungen gebucht werden.

Ansonsten kann man sich in der kleinen, aber schönen **Heimatstube** auch über die Eisenbahngeschichte des Ortes informieren, natürlich auch über die jahrhundertelange Geschichte des Gipsabbaus. Dieser steckt sogar im Namen des Ortes. „Sper" ist ein mittelniederdeutsches Wort für Gips.

*In Sperenberg fahren wir über die Karl-Fiedler-Straße nach Süden, biegen links in die Neuendorfer Straße ab (**Wegepunkt ❸**) und fahren am Freibad vorbei zu einem Damm der durch den Krummer See führt. Auf ihm gelangen wir vorbei an einem Industriegebiet zur Gipsstraße und mit einem kleinen Schlenker zu den Gipsbrüchen und zum einstmals „tiefsten Loch" der Erde.*

Die 1 **Gipsbrüche** liegen unterhalb des Gipsberges östlich des Ortskerns. Seit dem Mittelalter wurde in Sperenberg Gips abgebaut. Im 18. Jahrhundert nahm der Abbau deutlich zu, vor allem für die Residenzen Berlin und Potsdam wurde das Material verwendet. 1867 gab es eine Testbohrung, mit der die Stärke der Gipsschicht untersucht werden sollte. Das 40 Zentner schwere Bohrgestänge schraubte sich tiefer und tiefer in die Erde. 1871 war eine Tiefe von 1.271 Metern erreicht – das seinerzeit **tiefste Bohrloch der Erde**. Eine Gedenktafel erinnert daran.

Der Gipsbbau endete im Jahr 1958. In den Gipsbrüchen entstanden klare Seen. 1998 wurde das Areal unter Naturschutz gestellt. Am besten lässt sich die bewegte Landschaft und ihre Tier- und Pflanzenwelt zu Fuß erkunden, ein Boden-Geo-Pfad führt durch das Gebiet. Schon mit einem kurzen Fußweg vom „Restloch 2", dem See beim tiefsten Loch, auf den Gipsberg erreicht man den dortigen Aussichtsturm.

Großer Wünsdorfer See

*Zurück auf der Neuendorfer Straße verlassen wir den Ort und fahren die Straße geradeaus durch den Wald nach Neuhof. Im Ort Neuhof biegen wir an der Ecke Märkischer Weg (**Wegepunkt ❹**) links ab und folgen der ruhigen Straße entlang des Großen Wünsdorfer Sees. Im Ort biegen wir an der Chausseestraße (**Wegepunkt ❺**) rechts ab, kreuzen die Bahn und fahren an der Berliner Straße (**Wegepunkt ❻**) nach links und folgen dem straßenbegleitenden Radweg.*

Am **Großen Wünsdorfer See** haben wir noch einmal eine Bademöglichkeit. Der Ort Wünsdorf besteht aus mehreren Teilen: der alte Dorfkern im Westen, die Siedlungen um den Bahnhof in der Mitte und das militärische Areal im Osten.

Hier wurde eine riesige Fläche, die „**Verbotene Stadt**", von verschiedenen Armeen genutzt. Erst kam die Armee des Kaiserreichs, später die Wehrmacht und nach einer kurzen Pause mit der Hoffnung auf eine zivile Nutzung dann die sowjetische Armee.

Wünsdorf war ihr Hauptquartier in der DDR. Die Armee besaß einen eigenen Bahnhof mit direkten Zügen nach Moskau. Selbst die direkte Straße zwischen Wünsdorf und Zossen, die Fernverkehrsstraße 96 (heute Bundesstraße 96), war gesperrt. So mancher Ortsfremde stand staunend vor verschlossenen Schlagbäumen und musste dann große Umwege fahren.

Nach der Wende sollte hier eine 2 **„Waldstadt"** entstehen, mit Wohnsiedlungen und vielen Landesbehörden. Doch dies wurde bisher nur teilweise verwirklicht, viele Landesbedienstete wollten nicht aus Potsdam weg. So entstand eine seltsame Mischung aus sanierten Bauten, die nun für Wohnzwecke genutzt werden, verfallenen Ruinen und noch aus Sicherheitsgründen gesperrten Arealen. Einen ersten Eindruck gewinnt man bereits, wenn man in Wünsdorf an der Kreuzung Chausseestraße/Berliner Straße ein paar Meter weiter fährt.

*An der Martin-Luther-Straße in Waldstadt (**Wegepunkt ❼**) fahren wir nach rechts, gleich links in die Friedrich-Raue-Straße, über einen Verbindungsweg (rechts) zur Fontanestraße und an deren Ende nach rechts in die Gutenbergstraße zum Garnisonsmuseum.*

Dreifaltigkeitskirche in Zossen

Das **Garnisonsmuseum** entstand in einem alten Pferdestall aus der Kaiserzeit. Hier gibt es eine Ausstellung über das Gelände für die Zeit bis 1945, die nachfolgende Zeit wird nebenan im Museum „Roter Stern" beleuchtet. Interessant sind die vielen Bunker auf dem Gelände. Überall findet man kleine zigarrenförmige Bunker. Eine große Bunkeranlage ist der unweit gelegene Maybach I-Bunker aus der Nazizeit. Er wurde zur Tarnung in Form von Landhäusern angelegt, die mit einem Stollen verbunden waren. Nach Kriegsende wurden sie von der sowjetischen Armee gesprengt. Die Ruinen sind nur per Führung zu besichtigen, einen kleinen Teil sieht man von außen.

In vielen einstigen Militärbauten findet man Buchläden und Antiquariate. Hier entstand die erste Bücherstadt Deutschlands.

*Über die Zehrendorfer Straße verlassen wir die Siedlung und biegen am Ende der Straße rechts auf die Straße Gerlachshof. Wir folgen der Straße in einer Linkskurve und erreichen mit dem Ende der Straße die Hauptstraße durch Zossen. Hier biegen wir links ab und fahren später rechts über die Baruther Straße (**Wegepunkt ❽**) zum Marktplatz.*

3 **Zossen** ist ein kleines Landstädtchen. Sehenswert ist die barocke Dreifaltigkeitskirche am Markt. Von der **Burg** im Park sind nur noch ein Tor und eine Bastion erhalten.

Durch den Stadtpark und die Bahnhofstraße kehren wir zum Bahnhof zurück.

Reisemobilstellplätze an oder nahe der Route:

Wohnmobilstellplatz Fahrradverleih Daske
Neuendorfer Straße, Sperenberg (mit Fahrradverleih)

Orangerie von Schloss Wiepersdorf

62 km

Zu den Arnims und vielen klappernden Mühlen

Streckentour von Oehna nach Golßen

Ideal für Westwind führt diese Runde von der Hochfläche des Flämings auf herrlich ruhigen Wegen in die verschlafene, aber schöne Stadt Dahme/Mark und entlang der Dahme bis zum Rande des Spreewalds.

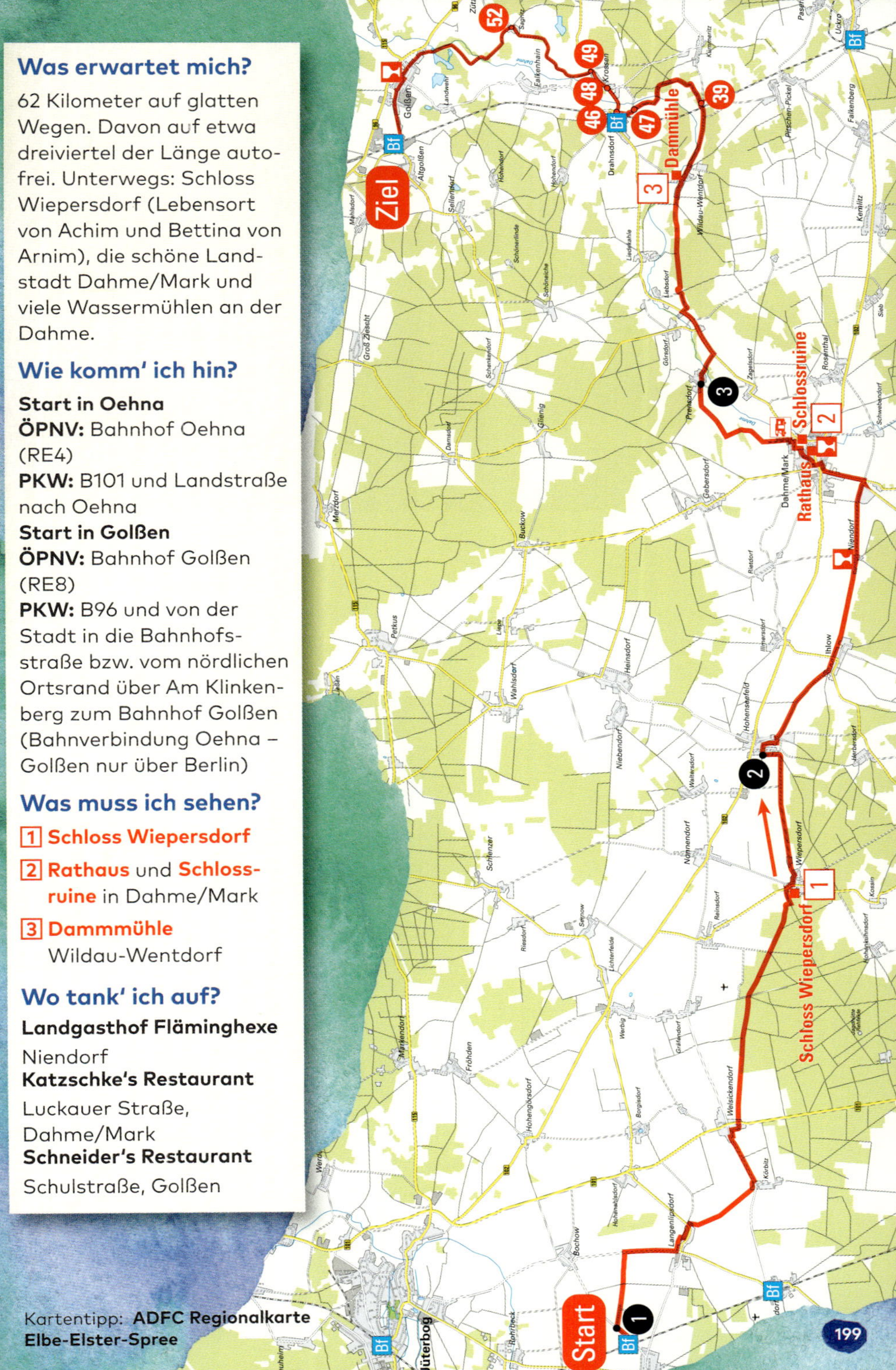

Was erwartet mich?

62 Kilometer auf glatten Wegen. Davon auf etwa dreiviertel der Länge autofrei. Unterwegs: Schloss Wiepersdorf (Lebensort von Achim und Bettina von Arnim), die schöne Landstadt Dahme/Mark und viele Wassermühlen an der Dahme.

Wie komm' ich hin?

Start in Oehna
ÖPNV: Bahnhof Oehna (RE4)
PKW: B101 und Landstraße nach Oehna
Start in Golßen
ÖPNV: Bahnhof Golßen (RE8)
PKW: B96 und von der Stadt in die Bahnhofsstraße bzw. vom nördlichen Ortsrand über Am Klinkenberg zum Bahnhof Golßen (Bahnverbindung Oehna – Golßen nur über Berlin)

Was muss ich sehen?

1 **Schloss Wiepersdorf**
2 **Rathaus** und **Schlossruine** in Dahme/Mark
3 **Dammmühle** Wildau-Wentdorf

Wo tank' ich auf?

Landgasthof Fläminghexe
Niendorf
Katzschke's Restaurant
Luckauer Straße, Dahme/Mark
Schneider's Restaurant
Schulstraße, Golßen

Kartentipp: **ADFC Regionalkarte Elbe-Elster-Spree**

Schloss Wiepersdorf – heute ein Künstlerhaus

Tipp: Am Ende der Tour kann man sie über den Dahme-Radweg fortsetzen, etwa zum Bahnhof Brand Tropical Islands (dichtes Zugangebot) oder weiter in Richtung Königs Wusterhausen und Berlin.

Tourstart

Wir starten am Bahnhof Oehna und am Bahnübergang nach rechts auf den Flaeming-Skate.

Oehna ist ein idealer Startpunkt für Radtouren. Direkt vom Bahnsteig kann man einfach losfahren. Der eigentliche Ort ist auf der anderen Seite. Auf den perfekten Wegen des Flaeming-Skate kann man wunderbar durch die Landschaft gleiten.

*Wir orientieren uns am Rundkurs 1 des Flaeming-Skate. An der Verzweigung des Weges nach Bochow und Langenlipsdorf (**Wegepunkt ❶**) biegen wir nach rechts nach Langenlipsdorf ab und folgen der Route über Körbitz und Welsickendorf nach Wiepersdorf.*

Wiepersdorf ist berühmt für sein 1 **Schloss**. Weniger wegen seiner Architektur, obwohl es durchaus lohnend ist, vor allem aber für seine Bewohner vor etwa 200 Jahren: Achim von Arnim und seine Frau Bettina, der Schwester seines Freundes Clemens Brentano. Wobei beide eher eine Fernbeziehung führten, Bettina fühlte sich in Berlin wohler, so korrespondierten beide viel und hinterließen der Nachwelt einen umfangreichen Briefwechsel. Achim lebte von 1814 bis zu seinem Tod 1831 hier und schrieb eine Reihe von Büchern. Zu DDR-Zeiten war es ein Arbeits- und Erholungsheim für Kulturschaffende, viele bekannte Schriftsteller kamen hier eine Zeitlang unter. Nach der Wende wurde es als Künstlerhaus wieder eröffnet. Auf dem Friedhof an der Kirche sind die Arnims und viele ihrer Nachfahren beigesetzt.

*Weiter fahren wir auf dem Rundkurs 1 nach Hohenseefeld und folgen dem Weg rechts (**Wegepunkt ❷**) in den Ort.*

Hohenseefeld und das westlich angrenzende Niederseefeld sind mittlerweile zusammengewachsen. Beide Dörfer haben die für den Fläming typischen mittelalterlichen **Feldsteinkirchen**. In Hohenseefeld lohnen sich die paar Meter vom Radweg zur Dorfstraße, es ist ein schönes Angerdorf. Vor dem Gasthof zur Eisenbahn finden sich ein paar alte Schmalspurschienen im Pflaster. Bis Mitte der 1960er Jahre gab es die Schmalspurbahnstrecke aus Dahme, die die Hohenseefelder Dorfstraße entlang fuhr und sich hier in eine Strecke nach Luckenwalde und eine nach Jüterbog verzweigte. Unser weiterer Weg nach Dahme verläuft meistens auf ihrer alten Trasse.

In Hohenseefeld fahren wir kurz nach Süden und am Ortsausgang der Beschilderung des Rundkurses 7 des Flaeming-Skate folgend wieder nach Osten über Ihlow in Richtung Dahme/Mark. Am südlichen Ortsrand treffen wir auf den Dahme-Radweg, der von der Dahmequelle kommt. Unser Weg führt uns weiter in die Stadt.

Da wollte aber einer hoch hinaus: Das Rathaus von Dahme/Mark

Die Stadt **Dahme/Mark** trägt natürlich ihren Namen vom gleichnamigen Fluss. Dieser entspringt etwa 7 Kilometer südöstlich der Stadt in einem schönen Laubwald, die Quelle ist über einen Abstecher auf dem Dahme-Radweg erreichbar. Sogar eine kleine Schlucht gibt es dort und ein Schild, das auf die weiteren Ziele des Wassers von Berlin bis nach Hamburg verweist.

Die Stadt ist ein altes märkisches Landstädtchen, ein Großteil der Stadtbefestigung ist erhalten geblieben. Die Eisenbahn Berlin – Dresden ging weit an der Stadt vorbei und so ging der industrielle Aufschwung Ende des 19. Jahrhunderts an der Stadt vorbei. Dabei hat Dahme industrielle Traditionen. Hier entdeckte der Apotheker Otto Unverdorben 1826 das Anilin, was ein wichtiger Grundstoff für die chemische Industrie wurde und bis heute in Firmenbezeichnungen wie BASF oder Agfa auftaucht.

Tour 29

Schlossruine von Dahme/Mark

Auffällig ist das neogotische **2 Rathaus**, Ende der 19. Jahrhunderts erbaut. Der Turm (mit schönem Rundblick) kann bestiegen werden. Davor steht eine kursächsische Postmeilensäule. Wie viele Orte in der Region gehörte auch Dahme bis 1815 zu Sachsen. Vom Markt durch die Kirchstraße erreichen wir die **Marienkirche**, ursprünglich gotisch, aber zur Barockzeit umgebaut. Östlich davon steht die **2 Schlossruine**; unheimlich faszinierend wirkt dieser große Bau mit seinen leeren Fenstern. Das Barockschloss entstand Anfang des 18. Jahrhunderts für die Herzöge von Sachsen-Weißenfels. Nachdem Dahme zu Preußen kam, hatte das Schloss meist reiche Industrielle als Besitzer. Im Zweiten Weltkrieg war es im Wesentlichen noch intakt. In den 1950er Jahren sollte es zu einem Kulturhaus werden, die Arbeiten wurden aber gestoppt und der Bau stand ohne intaktes Dach jahrzehntelang leer und verfiel. Erst nach der Wende wurde es provisorisch gesichert, in den letzten Jahren wurden einzelne Bereiche wieder begehbar gemacht.

*Nördlich des Schlosses folgen wir weiter der Ausschilderung des Dahme-Radwegs bzw. des Flaeming-Skate-Rundkurses 7 und kommen nach Prensdorf. (**Wegepunkt** 3). Dort trennen wir uns vom Rundkurs 7 und bleiben auf dem Dahme-Radweg. Über Wildau-Wentdorf fahren wir weiter nach Osten und fahren an der Kreuzung der Bahnstrecke (**Knoten** 39) links ab und weiter entlang der Dahme. Über die **Knoten** 47, 46, 48, 49 kommen wir nach Sagritz (**Knoten** 52). Dort fahren wir links weiter nach Golßen.*

Feldsteinkirche in Wildau-Wentorf

Reisemobilstellplätze an oder nahe der Route:

Stellplatz an der Sportwelt
Quellweg, Dahme

Gasthof Reuner
Museumsdorf Glashütte

Der Oberlauf der Dahme ist geprägt durch seine vielen Wassermühlen. Eine der schönsten ist die 3 **Dammühle** in Wildau-Wentorf ein paar Meter links von unserer Route. An einigen weiteren kommen wir direkt vorbei. Leider gibt es so gut wie keine Angebote für Besucher in den Mühlen. Nur an der **Kanow-Mühle** in Sagritz finden wir einen Hofladen, wo es unter anderem hier hergestellte Naturöle zu kaufen gibt. Leinöl ist eine Spezialität der Lausitz, an deren Rand wir hier sind. Kartoffeln mit Quark und Leinöl gibt es in der Region in vielen Gaststätten als typisches Gericht.

Die Dammühle in Wildau-Wentdorf hat noch ihr altes Mühlrad

In Golßen stoßen wir auf eine andere Spezialität der Gegend: die Gurken. **Spreewald-Gurken** sind mittlerweile eine regionale Handelsmarke, sie dürfen nur in diesem Gebiet hergestellt werden. Obwohl Golßen nicht direkt im Spreewald liegt, ja sogar an der Dahme und nicht an der Spree, zählt es noch zur Produktionsregion hinzu. Die „Spreewaldkonserve", einer der größten Gurkenhersteller, hat hier seinen Sitz und betreibt auch einen Hofladen.

Schloss in Golßen

Auch Golßen hat ein **Schloss**, es stammt von Anfang des 18. Jahrhunderts, im 19. Jahrhundert deutlich erweitert. Zum Schloss gehört ein ausgedehnter Landschaftspark. Seit etlichen Jahren steht das Schloss leer, Pläne für eine Nutzung gibt es viele, derzeit denkt man über eine Nutzung als Gesundheitszentrum nach.

Der Bahnhof Golßen liegt etwa zwei Kilometer westlich der Stadt. Hinter dem Schloss beginnt die Bahnhofsstraße, der wir zum Bahnhof folgen.

Am Wochenende fahren nur alle zwei Stunden Züge von Golßen. Alternativ kann man weiterfahren: im Stadtkern von Golßen immer auf dem ausgeschilderten Dahme-Radweg bis Staakow (**Knoten** 64) und weiter bis zum Bahnhof Brand Tropical Islands, insgesamt etwa 15 km. Von dort fahren etwa alle 30 Minuten Züge.

Tour 30

51 km

Auf dem Flaeming-Skate um Jüterbog

Rundtour von Jüterbog über Dennewitz, Oehna und Hohengörsdorf

Die Landschaft des Fläming ist frei, man spürt Wind und Wetter. Der Name stammt von den aus Flamen eingewanderten Menschen. Auf dem Flaeming-Skate kann man herrlich unbeschwert und autofrei durch die Landschaft gleiten.

Was erwartet mich?

51 km, ein entspannter Rundkurs weitgehend auf autofreien glatten Wegen. Etwas hügelig, mit vielen Spuren der Militärgeschichte, dem mittelalterlichen Kloster Zinna und der schönen mittelalterlichen Stadt Jüterbog.

Wie komm' ich hin?

ÖPNV: RE3, RE4 von Berlin, RB33 von Potsdam

Mit dem Auto:
Bundesstraße 101

Was muss ich sehen?

1 **Gedenkstätten** für die Schlacht bei Dennewitz

2 **Kloster** Zinna

3 **Altstadt** von Jüterbog

Wo tank' ich auf?

Zum Grafen Bülow
Dennewitz

Zum Käperling
Fröhdener Siedlung, Fröhden

Landgasthof Werder
Werder

Zum Schmied
Markt, Jüterbog

Goldener Anker
Pferdestraße, Jüterbog

Kartentipp: **ADFC Regionalkarte Elbe-Elster-Spree**

Mittelalter pur am Jüterboger Dammtor

Tipp: Auf dem Flaeming-Skate gibt es viele Möglichkeiten, die Tour zu variieren. Auch An- oder Abreise auf dem Radweg Berlin–Leipzig ist möglich.

Tourstart

*Wir starten am Bahnhof Jüterbog. Um auf den Flaeming-Skate zu kommen, folgen wir der Bahnstrecke auf den Straßen Weinberge und Fuchsberge etwa 500 m Richtung Berlin, überqueren nach links die Bahngleise und fahren leicht im Zickzack bis zur Bülowstraße (**Wegepunkt ❶**), wo wir auf den Flaeming-Skate stoßen. Dort biegen wir nach links ab und folgen den Flaeming-Skate-Runden 1 bzw. 4, auch der Radweg Berlin–Leipzig verläuft hier.*

Nach dem Überqueren der Bahn kommen wir in ein riesiges ehemaliges **Kasernengelände**. Jüterbog war über 100 Jahre ein wichtiger Militärstandort. Hier sind wir nun in der ehemaligen Feldartillerie-Schießschule. Hier wurden Artillerie-Offiziere des kaiserlichen Heeres ausgebildet, auch in der Weimarer Zeit und im Dritten Reich blieb sie in Betrieb. Nach 1945 wurde sie von der sowjetischen Armee genutzt. Jüterbog war einer ihrer wichtigsten Standorte in der DDR, man vermutet, dass an die 50.000 Soldaten hier stationiert worden waren. 1994 endete die militärische Nutzung des Areals. Das Gelände, größer als die Jüterboger Altstadt, steht als Ganzes unter Denkmalschutz. Ein Teil der Gebäude ist mittlerweile saniert worden und wird für Wohnzwecke genutzt.

Wir fahren nun auf dem 2001 eröffneten **Flaeming-Skate**. Hier hatte ein cleverer Landrat die Idee, dass man so Fördermittel für den Tourismus in der strukturschwachen Region bekommen könnte. Und so entstand ein Netz aus acht, sich teilweise überlappenden Rundkursen unterschiedlicher Länge im Gebiet des Niederen Fläming. Auch wir Radfahrer freuen uns über die glatten, skatertauglichen Beläge und das Netz aus fast perfekten autofreien Wegen. Für die Skater erhielt fast jedes Dorf eine Umfahrung, da die Dorfstraßen mit Ein- und Ausfahrten an den Grundstücken zu wenig Platz boten, mit dem Fahrrad können wir natürlich in die Orte hinein, wenn es etwas zu sehen gibt. Der Name Flaeming-Skate stammt vom Fläming, einem über 100 Kilometer langen Höhenzug südlich und südwestlich von Berlin. Seine größte Höhe erreicht er mit 200,3 Metern mit dem Hagelberg bei Bad Belzig in seinem „Hoher Fläming" genannten Teil. Die Gegend um Jüterbog und Luckenwalde ist (logisch) der Niedere Fläming.

Jüterbog hat eins der ältesten Rathäuser im Land Brandenburg

Wir bleiben weiter auf den Flaeming-Skate-Runden 1 bzw. 4 bzw. dem Radweg Berlin–Leipzig. Vorbei an Niedergörsdorf wenden wir uns links Dennewitz zu. Hier empfiehlt es sich, kurz den Flaeming-Skate zu verlassen und auf der ruhigen Dorfstraße in den Ortskern zu fahren.

Denkmal für die Befreiungskriege in Dennewitz

Der Name „Neues Lager" deutet ebenfalls auf die militärische Nutzung des Geländes hin. Ein paar Kilometer weiter, bei Niedergörsdorf und Dennewitz, stoßen wir auf militärische Relikte aus einer anderen Zeit, den Befreiungskriegen gegen Napoleon. An der Abfahrt von einem Hügel bei Niedergörsdorf finden wir rechts ein vom bekannten Architekten Karl Friedrich Schinkel entworfenes 1 **Denkmal** („Tabernakel"), das an die Schlacht bei Dennewitz im September 1813 erinnert. Das war eine entscheidende Schlacht in den Befreiungskriegen, bei der das preußische Heer unter Führung der Generäle von Bülow und von Tauentzien siegreich gegen die napoleonischen Truppen war. Napoleons Vorstoß auf Berlin konnte damit entscheidend abgewehrt werden. Auf dem Dorfanger von Dennewitz finden wir das große **Bülowdenkmal** und einen **Tauentzien-Stein** in Erinnerung an die Schlacht und die beiden Generäle.

Der **Anger** ist sehr schön erhalten, eine einstmals typische Dorfform – um ihn herum mehrere alte Häuser samt Gaststätte und eine gotische Feldsteinkirche. Feldstein ist in vielen Dörfern das Material der Wahl gewesen, die Eiszeit hatte große Steine durch die Landschaft transportiert und auf den Feldern störten sie nur.

Die Hochzeitsmühle in Dennewitz ist ein traumhafter Picknickplatz

*An der Kreuzung in der Dorfmitte von Dennewitz biegen wir rechts ab, und sind gleich wieder auf dem Flaeming-Skate. Etwas südlich von Dennewitz (**Wegepunkt ❷**) trennt sich der Radweg Berlin–Leipzig von uns, wir halten uns dort links. Etwas kurvenreich geht es nach Oehna. Am Abzweig östlich des Ortes (**Wegepunkt ❸**) fahren wir nach links auf der Flaeming-Skate-Runde 4 nach Bochow und weiter über Hohengörsdorf nach Fröhden.*

Ungestört fahren wir auf ruhigen Wegen durch eine waldarme Landschaft. Das Gelände wirkt eher flach, immer wieder sind links die Türme von Jüterbog zu sehen. Aber von Hohengörsdorf nach Fröhden merken wir, dass wir auf einem Hochplateau waren. Es geht angenehm bergab, vorbei an der schönen gotischen **Fröhdener Feldsteinkirche**.

Idylle am Flaeming-Skate

*In Fröhden fahren wir geradeaus weiter (**Wegepunkt ❹**) über Markendorf nach Werder (**Wegepunkt ❺**) und dort links zum Abzweig bei Kloster Zinna (**Wegepunkt ❻**), wo wir nach rechts zum Kloster aufbrechen.*

Der Bau von 2 **Kloster Zinna** begann um 1170. Die Klosterkirche ist eine spätromanische Basilika mit kreuzförmigem Grundriss, schön unter Bäumen gelegen. Ein Teil des Innenbaus wie die Arkaden und die Deckengewölbe sind etwas später entstanden und schon gotisch. Aus dem Mittelalter stammen mehrere Altarblöcke, die Kanzel aus dem Barock. Auffällig sind neben der Kirche die Alte und die Neue Abtei mit Ziergiebeln der Backsteingotik. In der Neuen Abtei befindet sich das **Klostermuseum**.

Kloster Zinna

Unter dem Namen „**Zinnaer Klosterbruder**" wird ein Kräuterlikör vermarktet, der angeblich auf ein Rezept eines Mönches im Kloster zurückgehen soll. Bis vor wenigen Jahren wurde er im nahen Luckenwalde produziert, seitdem in verschiedenen wechselnden Brennereien.

Um das Kloster herum ließ Friedrich der Große im 18. Jahrhundert eine Webersiedlung anlegen, die bis 1929 sogar Stadtrecht besaß. 220 einheitliche Häuser wurden für die Arbeiter gebaut, Maulbeerbäume für die Seidenproduktion angepflanzt. Ein Teil der kleinen Häuser ist heute noch erhalten. Die alte Manufaktur ist heute das Webermuseum.

*Die letzte Etappe führt uns über Grüna und Neuheim zum Stadtrand von Jüterbog (**Wegepunkt ❼**). Der Flaeming-Skate biegt dort nach rechts ab, wer es eilig hat, kann so über **Wegepunkt ❶** zum Bahnhof zurückkehren. Ansonsten fahren wir auf der Route Historische Stadtkerne 5 in die Innenstadt zum Markt (**Wegepunkt ❽**), und von dort über die Dammvorstadt am Schlosspark vorbei auf straßenbegleitenden Radwegen zurück zum Bahnhof.*

Die **3 Innenstadt von Jüterbog** erreichen wir durch das Zinnaer Tor, eins der drei erhaltenen Stadttore. Die vielen alten Gebäude mit Rathaus, Stadtkirche und der Stadtbefestigung lohnt einer ausführlichen Besichtigung (siehe ausführliches **Ortsporträt** auf den Seiten 210-211). In der Innenstadt gibt es viele Möglichkeiten, für sein leibliches Wohl zu sorgen.

Reisemobilstellplätze an oder nahe der Route:

Erlebnishof Werder
Werder 45,
Jüterbog-Werder

Ortsporträt

Jüterbog und Luckenwalde

Gerade mal sieben Minuten braucht der Zug zwischen diesen beiden sehr verschiedenen Städten. An Jüterbog faszinieren die Kirchen und die mittelalterliche Stadtbefestigung, an Luckenwalde die Bauten der Moderne aus den 1920er Jahren.

Eins der drei Stadttore: das Neumarkttor

Von der Stadtmauer von **JÜTERBOG** ist nur ein kleiner Rest geblieben, aber die drei **Stadttore** stehen noch: das **Dammtor**, das **Zinnaer Tor** und das **Neumarkttor**. An jedem der Tore hängt eine Keule und eine Tafel mit einem merkwürdigen Spruch: „Wer seinen Kindern giebt das Brodt und leidet nachmals selber Noth, den schlage man mit der Keule todt".

Eine Zeitlang propagierte **Mönch Johann Tetzel** hier den Ablasshandel – Erlass der Sünden gegen Geld. Luther kämpfte im nahen Wittenberg dagegen, daraus entwickelte sich die Reformation. An Tetzel erinnert die Tetzelkapelle in der Schulstraße, heute ein Anbau der viel jüngeren katholischen St. Hedwig-Kirche. Originale Ablassbriefe finden sich im (sehr lohnenden) **städtischen Museum** im Mönchenkloster.

Der große gotische Bau der zweitürmigen **Nikolaikirche** prägt das Stadtbild. Sehenswert ist der auch aus der Gotik stammende Flügelaltar. Vom Turm hat man einen einmaligen Blick auf Stadt und Umgebung. In der Taufkapelle gibt es noch einen großen „Tetzelkasten", wo einst das eingenommene Ablassgeld gesammelt wurde.

Die älteste Kirche der Stadt liegt außerhalb des Zentrums in der „Damm" genannten westlichen Vorstadt. Die **Liebfrauenkirche** wurde 1174 geweiht.

Das **gotische Rathaus** steht am Markt und ist uralt und schön. Es ist das zweitälteste Rathausgebäude in Brandenburg.

LUCKENWALDE ist im Kern zwar auch mittelalterlich, aber wirkt doch völlig anders als Jüterbog.

Die **spätgotische Stadtkirche** wurde von Zisterziensern aus dem benachbarten Kloster Zinna gegründet und besitzt keinen Turm. Der Marktturm direkt daneben ist älter als die Kirche und wurde nachträglich zum **Glockenturm** umfunktioniert.

Später prägte die Industrie mehr und mehr das Stadtbild. Viele Fabrikanlagen unterschiedlicher Stile entstanden. 1914 gönnte sich die Stadt ein neues großes Bahnhofsgebäude. Heute beherbergt es die städtische Bibliothek.

Blick vom Kirchturm auf die Jüterboger Altstadt mit dem Rathaus

In den Jahren nach dem Ersten Weltkrieg sprach man vom „Roten Luckenwalde". Eine sozialdemokratisch geführte Stadtregierung lockte kreative Architekten in die Stadt, so dass wir heute aus jener Zeit eine Vielzahl von Bauten der Moderne finden. Ein markantes Gebäude in der Innenstadt ist das **Theater**. Das Flachdach des Baus war seinerzeit Gegenstand heftigster Kontroversen, ähnlich beim **Katasteramt**, ebenfalls in der Theaterstraße. Von Hans Hertlein, der später Hausarchitekt bei Siemens wurde, stammt das 1928 fertiggestellte **Stadtbad**.

Das ganz bewusst kantig schlichte Theater von Luckenwalde

Eine Reihe namhafter Architekten entwarf Fabrikgebäude unterschiedlicher Branchen. Am berühmtesten ist die **Hutfabrik** von Erich Mendelsohn. Sie steht etwas außerhalb des Stadtkerns in der Industriestraße. Das Dach ist der Form eines Hutes nachempfunden und hoch genug, dass die Dämpfe bei der Produktion abziehen konnten. Mendelsohn und andere Architekten bauten außer Fabriken auch für die damalige Zeit sehr komfortable Arbeitersiedlungen.

Wir verdanken übrigens Luckenwalde auch den Pappteller. Der Buchbinder Hermann Henschel konstruierte ihn 1867.

Nördlicher Flaeming-Skate um Luckenwalde

Kein Auto weit und breit, aber feinster Asphalt erwartet uns auf dem Flaeming-Skate

Rundtour von Luckenwalde über Fröhden, Petkus und Jänickendorf

Auch hier können wir ungestört über den Flaeming-Skate gleiten. Es empfängt uns viel Ruhe und eine schöne Landschaft. Zwischendurch merken wir, dass es doch einen Höhenunterschied zwischen dem Hochplateau des Flämings und dem Urstromtal gibt. Am Anfang und am Ende steht die Stadt Luckenwalde mit interessanten baulichen Zeugnissen der Moderne Anfang des 20. Jahrhunderts.

Was erwartet mich?

57 km, ein (mit Ausnahme der Stadt Luckenwalde) weitgehend autofreier Rundkurs.

Wie komm' ich hin?

ÖPNV: RE3, RE4

Mit dem Auto:
Bundesstraße 101

Was muss ich sehen?

1 **Innovative Bautradition des 20. Jahrhunderts**
in Luckenwalde

2 **Schloss und Windmühle**
in Petkus

Wo tank' ich auf?

Zum Berg
Dorfstraße, Schlenzer

Zu den Eichen
Holbeck

Turmklause
Baruther Straße, Luckenwalde

Kartentipp: **ADFC Regionalkarte Elbe-Elster-Spree**

Tour 31

Tourstart

*Wir starten am Bahnhof Luckenwalde, fahren ein kurzes Stück neben dem Bahndamm Richtung Berlin und biegen dann rechts in die Poststraße ab. Hinter dem Markt kommen wir durch die Theaterstraße zur Kreuzung mit der Straße Kleiner Haag (**Wegepunkt ❶**), der wir nach rechts folgen. Die Straße heißt später Am Nuthefließ. Am **Wegepunkt ❷** biegen wir der Radroutenbeschilderung folgend nach links ab und stoßen am **Wegepunkt ❸** auf dem Flaeming-Skate (Runde 2), dem wir nach Kolzenburg, dann auf der Runde 5 bzw. 1 nach Neuhof, Werder (**Wegepunkt ❹**), Markendorf und Fröhden (**Wegepunkt ❺**) folgen.*

Tipp: Auf dem Flaeming-Skate gibt es viele Möglichkeiten, die Tour zu variieren. Auch An- oder Abreise nach und von Luckenwalde auf dem Radweg Berlin-Leipzig ist möglich.
Es gibt viele gut ausgestattete Rastplätze am Weg, Zeit für ein Schlemmerpicknick?

Das **Stadtzentrum** von Luckenwalde mit Kirche und Marktturm erreichen wir direkt, ebenso liegen kurz darauf mit Katasteramt und Theater zwei der vielen prägenden 1 **Bauten der Stadt** aus den 1920er Jahren direkt oder fast an unserem Weg. Im Kleiner Haag passieren wir die **Hutfabrik Steinberg**, einst eine der vielen Betriebe dieser Branche in der Stadt. Mehr dazu im ausführlichen **Ortsporträt Luckenwalde** (s. Seiten 210-211).

Mendelsohnsche Hutfabrik in Luckenwalde

Wir verlassen die Stadt auf etwas kurvigen Wegen, am **Tierpark** vorbei. Wir sind in den schönen ruhigen Auen der Nuthe, die in Potsdam in die Havel mündet.

Fast der ganze Rest der Tour ist eine entspannte Runde auf dem gut ausgebauten **Flaeming-Skate**. Zwischen Werder und Markendorf beginnt links ein früheres **Militärgelände**, das sich über etliche Kilometer erstreckt. Schon im Kaiserreich wurde es genutzt, später von der Wehrmacht und nach dem Zweiten Weltkrieg von der sowjetischen Armee. Ein Teil des Gebietes ist nach wie vor wegen Munitionsbelastung unzugänglich. In den zugänglichen Bereichen finden sich etliche, teils denkmalgeschützte Relikte, wie uralte Bunker oder Kommandotürme.

*In Fröhden biegen wir nach links ab und bleiben auf dem Flaeming-Skate, fahren über Schlenzer nach Wahlsdorf (**Wegepunkt ❻**) und links über Petkus und Ließen Richtung Stülpe (**Wegepunkt ❼**).*

Hinter Fröhden folgt ein sehr schönes Stück Weg. Es geht immer geradeaus (sehr schön bei Westwind) leicht bergauf durch offene Landschaft. Wunderschön ist es, wenn hier im Frühling der Ginster blüht. In Schlenzer sind wir oben.

Reisemobilstellplätze an oder nahe der Route:

An der Fläming-Therme
Luckenwalde

Erlebnishof Werder
Werder 45,
Jüterbog-Werder

Paltrockwindmühle in Petkus

Die folgenden Dörfer haben alle ihren speziellen Reiz. **Wahlsdorf** hat eine kleine uralte, im Kern noch romanische Kirche, eine alte Bockwindmühle und ein großes Jugendstilgutshaus. Für die schnelle Stärkung gibt es einen kleinen Dorfladen.

Auch **2 Petkus** hat eine alte **Windmühle** und ein großes altes, „**Schloss**" genanntes, Gutshaus. Die Familie von Lochow betreibt dort ein Skaterhotel, das natürlich auch Menschen auf dem Fahrrad offen steht.

Nordöstlich von Petkus ragt der **Golmberg** über die Landschaft, mit 178 m die höchste Erhebung im Niederen Fläming. Im 19. Jahrhundert war er ein beliebtes Ausflugziel und ein Aussichtspunkt – er galt als „Märkische Rigi". Heute ist er allerdings zugewachsen. Kenner der Flora und Fauna kommen hier auf ihre Kosten.

Wir fahren von Petkus über Ließen bergab. Vom Fläming geht es hinunter in das Baruther Urstromtal. Wie der Fläming ist es eiszeitlichen Ursprungs.

Der Radweg verläuft meistens neben der Straße, oft auf der Trasse einer alten Kleinbahn, der Jüterbog-Luckenwalder Kreiskleinbahn. Die Schmalspurbahn war bis in die 1960er Jahre in Betrieb.

Das Gutshaus von Petkus

*Wir biegen mit dem Flaeming-Skate am Ortseingang von Stülpe links ab, fahren über Holbeck nach Jänickendorf. Kurz vor dem Ortsausgang (**Wegepunkt** ❽) trennen wir uns vom Flaeming-Skate und folgen der Tour Brandenburg nach Luckenwalde und am **Wegepunkt** ❶ wieder in die Innenstadt und zum Bahnhof.*

Vor Holbeck ist rechts ein kleiner See, einer der wenigen **Badeseen** auf der heutigen Route.

Zurück in Luckenwalde können wir uns wieder der Stadt widmen, eine Stärkung suchen oder vielleicht in der **Fläming-Therme** entspannen.

Tour 32

34 km

Bewaldete Buckel bei Bad Belzig

Die Häuser von Bad Belzig scheinen zu kuscheln

Runde durch den Hohen Fläming

Schnell ist Bad Belzig mit dem Zug erreicht, der Ort liegt höher als Berlin und ist von Hügeln umgeben. Wir werden heute unsere Waden und unsere Schaltung benutzen. Gilt es doch, einen der höchsten Berge Brandenburgs zu erklimmen. Der Berg mit dem Schrecken einflößenden Namen Hagelberg erreicht die sagenhafte Höhe von 200 m über dem Meer.
Bäche und Seen sind heute rar, denn der Flämingboden ist wasserdurchlässig und hat richtige Trockentäler, wir nennen sie hier Rummeln.

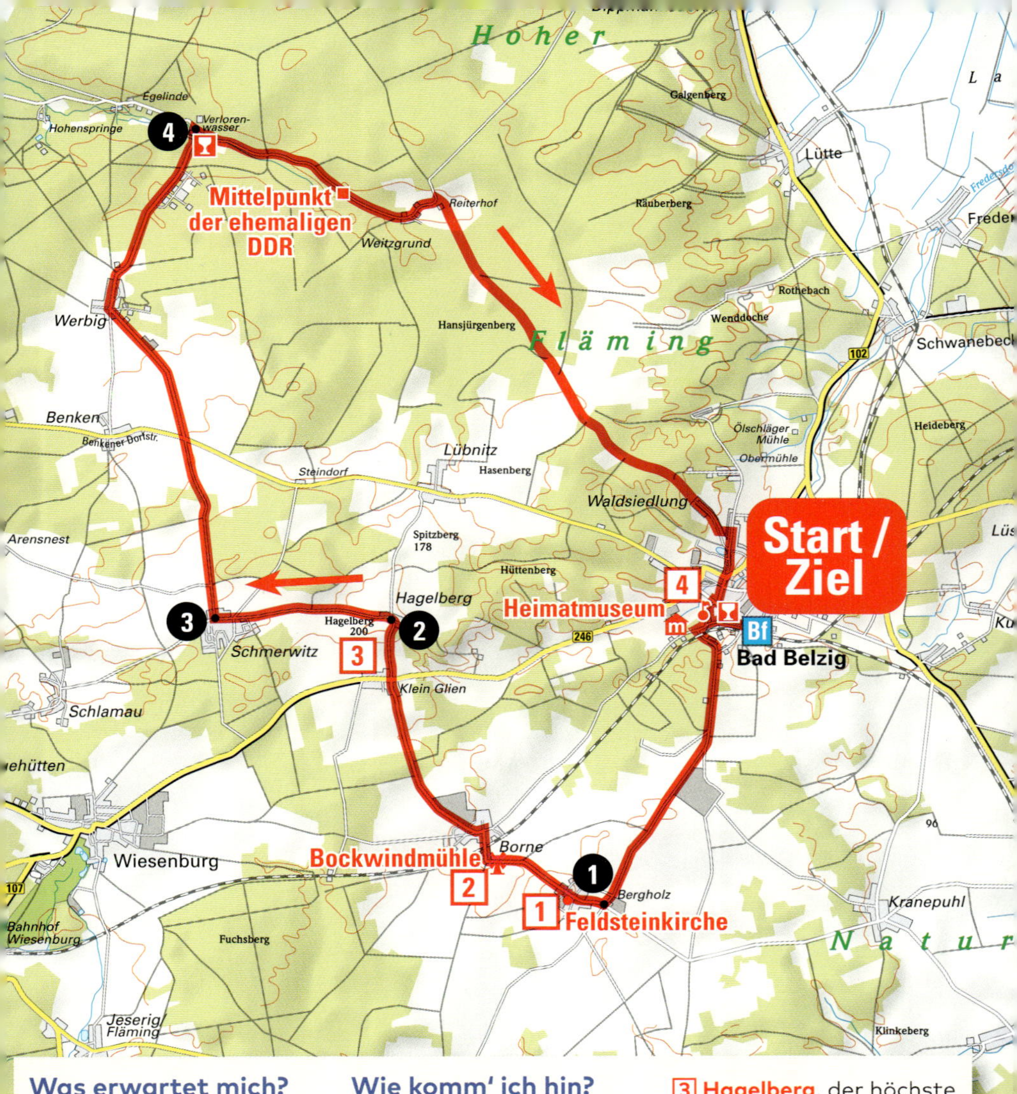

Was erwartet mich?

34 km, meist auf ruhigen, guten Straßen und Radwegen. Aber es wird hüglig. Der knapp 200 Meter hohe Hagelberg ist die höchste Erhebung der Region. Unbedingt sehenswert sind die Stadt Bad Belzig und die Burg Eisenhardt auf einem Hügel über der Stadt.

Wie komm' ich hin?

ÖPNV: Regionalexpress RE7, Bahnhof Bad Belzig

Mit dem Auto: Autobahn A9 bis Niemegk, dann B102 nach Bad Belzig, Parkmöglichkeiten am Bahnhof

Was muss ich sehen?

1 **Kirche** in Bergholz

2 **Mühle** in Borne

3 **Hagelberg**, der höchste „Berg" der Region

4 **Stadt und Burg Eisenhardt** in Bad Belzig

Wo tank' ich auf?

Zur Hirschtränke
Verlorenwasser 9, Bad Belzig

Burgbräuhaus
Bahnhofstraße 16, Bad Belzig

Kartentipp: **ADFC-Regionalkarte Potsdam/Havelland**

Die romanische Kirche in Bergholz ist über 800 Jahre alt

Tourstart

Wir beginnen am Bahnhof Bad Belzig. Dort fahren wir links durch die Bahnhofstraße und anschließend links auf der Wittenberger Straße zur Burg, wo wir Straße und Radweg nach links unter der Bahn in Richtung Bergholz folgen. Dieser Abschnitt ist als R1 ausgeschildert.

Bad Belzig, Ausgangs- und Endpunkt dieser Runde, ist gut mit dem Rad zu erreichen. Die Stadt liegt am quer durch Deutschland führenden Fernradweg R1, der sie auch direkt mit Berlin verbindet.

Die Besichtung von Stadt und Burg heben wir uns für den Rückweg auf. Erstmal geht es bergab, aber bevor die Straße weiter abwärts in Richtung Innenstadt abbiegt, fahren wir weiter geradeaus, hoch Richtung Burg. Danach geht es über einen langen Anstieg auf die Höhen des **Flämings**. Dieser Höhenzug erstreckt sich noch weit nach Osten, hier im Hohen Fläming erreicht er seine größten Höhen. Bis Bergholz haben wir schon 60 Höhenmeter von Bad Belzig zurückgelegt.

Bergholz bietet direkt am Weg eine schöne alte romanische 1 **Feldsteinkirche**, eine der ältesten Bauten in der Region. Besonders fällt der mächtige, festungsartige Turm auf.

Bockwindmühle Borne

Hier trennen wir uns vom R1, oder halt: Naturfreunde, die noch Kraft haben, können ihn noch etwa anderthalb Kilometer weiter auf einem kleinen Abstecher folgen. Links geht es dann zur **Brautrummel**. Eine Rummel (weiblich!) ist eine typische Geländeformation im Hohen Fläming, ein in der Eiszeit durch abfließendes Schmelzwasser entstandenes Trockental. Da hier über Jahrhunderte kein Ackerbau betrieben werden konnte, entwickelte sich in den Rummeln eine spezielle Vegetation mit vielen seltenen Pflanzenarten.

*Von der Kreuzung bei Bergholz (**Wegepunkt ❶**) folgen wir rechts der Beschilderung „Fläming-Runde" in den Ort und weiter über ruhige Straßen nach Borne, Klein Glien und Hagelberg (**Wegepunkt ❷**).*

Ein Stück hinter Bergholz liegt links auf einem Hügel eine alte Mühle. Die **2 Bockwindmühle** Borne ist ein technisches Denkmal. Sie wurde restauriert, die Originaltechnik ist funktionsfähig. Mit etwas Glück erwischt man eine Führung, in der die Anlage gezeigt wird. Aber so oder so ist der Ort ein wunderschöner Picknickplatz.

Zum Ort Borne geht es ein Stück bergab, hinter dem Dorf ist nochmal ein kurzes Gefälle. Das soll aber nicht darüber hinwegtäuschen, dass der eigentliche Anstieg erst noch bevorsteht. Es geht erst einmal ein Stück aufwärts nach Klein Glien, wo wir die Bundesstraße kreuzen. Im Anschluss folgt ein ordentlicher Anstieg in den Ort Hagelberg.

In diesem Ort lockt natürlich der gleichnamige 3 **Berg**, den wir nach einer kurzen Steigung erreichen. Nach der Wiedervereinigung und Bildung der neuen Bundesländer war man hier begeistert: der höchste Berg Brandenburgs! Immerhin 200,3 Meter über dem Meeresspiegel. Später stellte sich heraus, dass zwei Anhöhen im Süden des Landes an der Grenze zu Sachsen noch ein paar Zentimeter höher sind. Aber immerhin bleibt es der höchste Berg der Region, sogar mit Gipfelkreuz und Gipfelbuch! Nach Norden, Westen und Süden hat man eine schöne Aussicht auf den Fläming, auf der Ostseite ist der Berg weitgehend zugewachsen.

Hagelberg war 1813 Schauplatz einer Schlacht in den Befreiungskriegen gegen Napoleon. Zwei Denkmale erinnern im Ort an den Kampf, bei dem deutsche und russische Truppen den Franzosen eine vernichtende Niederlage zufügten.

Gutskirche in Schmerwitz

*In Hagelberg biegen wir nach links ab und folgen der Fläming-Runde nach Schmerwitz (**Wegepunkt ❸**). Dort halten wir uns rechts und folgen der Nebenstraße (ohne Radroutenbeschilderung) Richtung Benken. An der Kreuzung mit der Landesstraße fahren wir geradeaus weiter, Benken links liegenlassend, durch Werbig nach Verlorenwasser (**Wegepunkt ❹**).*

Auf einer ruhigen Straße auf einen Plateau erreichen wir Schmerwitz.

Bevor wird dort rechts in Richtung Benken abbiegen, lohnt sich ein kleiner Abstecher zum großen, schlossartigen **Gutshaus** aus dem 18. Jahrhundert und der dazugehörigen Gutskirche. Im Gut hat sich nun ein ökologischer Landwirtschaftsbetrieb angesiedelt.

Ruhige Nebenstraßen führen uns weiter über Werbig in einen Ort namens Verlorenwasser. Wer sich darunter ein Dörfchen mitten in der Waldeinsamkeit vorstellt, liegt damit genau richtig. Immerhin gibt es einen **rustikalen Gasthof** mit Biergarten. Aber doch ist Verlorenwasser ganz zentral: 1974 fand die populäre Fernsehsendung „Außenseiter-Spitzenreiter" (eine der wenigen einstigen DDR-Fernsehreihen, die heute noch produziert werden) heraus, dass hier der **Mittelpunkt der DDR** zu finden sei! Er wurde für die Öffentlichkeit ein Stück vom berechneten Ort verlegt, denn der genau berechnete Ort lag in einem Militärgelände der sowjetischen Armee. Wir passieren den Findling (mit Rastplatz), der an den Mittelpunkt erinnert, im Wald auf dem Weg von Verlorenwasser nach Weitzgrund.

Reisemobilstellplätze an oder nahe der Route:

Stellplatz „Acker-mal-Anders"
Niemegker Weg 1, Buchholz, von dort Einstieg in die Route via Bergholz

Burg Eisenhardt

Von Verlorenwasser fahren wir auf einer ruhigen Straße nach Weitzgrund. Von dort führt uns rechts ein befestigter Weg mit einem gehwegplattenartigen Belag nach Bad Belzig. Am Stadtrand treffen wir wieder auf den Fernradweg R1, der uns nach rechts ins Stadtzentrum bringt. Über die Bahnhofstraße gelangen wir wieder zurück zu unserem Ausgangspunkt, dem Bahnhof.

Rathaus von Bad Belzig

Wir kehren über ein paar Hügel und Wälder wieder nach Bad Belzig zurück, der Weg hat zwar festen Belag, ist aber etwas holprig. Bad Belzig (den Zusatz Bad erhielt die Stadt erst 2010) ist eine sehr alte Stadt. Sie beruft sich dabei auf eine Urkunde von Kaiser Otto III. aus dem Jahr 997, in der von einer Stadt namens Belizi die Rede ist. Allerdings behauptet auch die etwa 30 Kilometer von Bad Belzig entfernte Spargelstadt Beelitz, dass sie damit gemeint wäre. So feierten beide Städte 1997 ihr tausendjähriges Jubiläum.

Sehr sehenswert ist der 4 **Stadtkern** mit der **Marienkirche** und der erhaltenen alten Bebauung um den **Marktplatz**. Das Rathaus brannte 1972 ab, Ende der 1980er wurde es in Anlehnung an seine alten Formen wieder aufgebaut.

Die größte Attraktion der Stadt ist jedoch die 5 **Burg Eisenhardt** im Südwesten der Stadt. Eine richtige mittelalterliche Burg? So etwas sucht man eher in anderen Gegenden, in Brandenburg gibt es davon nur sehr wenige. Der 28 Meter hohe Bergfried im Hof der Burg wird als Aussichtsturm genutzt. Andere Räume der Burg dienen als Heimatmuseum und Bibliothek. Westlich der Burg ist eine kleine **Kirche** aus dem 12. Jahrhundert erhalten geblieben.

...und Radfernwege...

ISBN 978-3-96990-069-7

ISBN 978-3-96990-048-2

Jeweils 224 Seiten,
durchgehend farbig,
Paperback,
Format 14,5 x 21 cm,
Preis € 14,95

GPS-Tracks Download

E-Bike-geeignet 

ISBN 978-3-96990-102-1

ISBN 978-3-96990-107-6

Erhältlich im Buchhandel oder bei:

BikeMedia

BVA BikeMedia GmbH
Tel.: 0521 / 59 55 40
bestellung@bva-bikemedia.de

ISBN 978-3-96990-079-6

ISBN 978-3-96990-078-9

ISBN 978-3-87073-112-0

www.fahrrad-buecher-karten.de

Impressum

1. Auflage 2023

Touren/Texte: Axel von Blomberg & Kai-Uwe Thiessenhusen, Berlin

Titelfoto: © mstein/AdobeStock, © Wavebreakmedia/iStock

Fotos: Axel von Blomberg (Seiten 8 unten, 10 oben, 10 unten, 11 unten, 12 unten, 13, 17, 32, 42, 46 oben, 46 unten, 47, 54, 57 unten, 61, 67 unten, 72, 73, 90 oben, 97, 102 links, 109, 111 unten, 114, 115 oben, 115 unten, 120, 122 oben, 122 unten, 123, 140, 144 unten, 149, 160 unten, 164 unten, 180, 184, 206, 207 oben, 211 unten) und Kai-Uwe Thiessenhusen (Seiten 8/9, 9 unten, 33, 37 oben, 58, 62, 66, 68 oben, 68 unten, 70, 75 oben, 75 unten, 90 unten, 91, 92 oben, 94, 108 unten, 110, 111 oben, 134, 143, 145, 148, 150 unten, 151 unten, 160 oben, 182, 191 unten, 202, 203 oben, 208 oben, 208 unten, 212, 214, 218) sowie

© visitBerlin/Dagmar Schwelle (S. 1, 14, 18), © TMB Tourismus Marketing Brandenburg GmbH/Steffen Lehmann (Seiten 5, 11 oben, 12 oben, 52, 56, 63 unten, 64, 69, 74, 50, 88, 99 oben, 99 unten, 103 oben, 104, 105, 106, 112, 125, 126, 129, 130, 132, 144 oben, 151 oben, 158, 164 oben, 166, 169 unten, 171 oben, 171 unten, 176, 177, 178, 179, 183 oben, 186, 188, 189, 190, 191 oben, 198, 200), © visitBerlin/Wolfgang Scholvien (S. 7), © visitBerlin/Martin Gentischer (S. 16), © Berit/wikimedia (S. 19), © visitBerlin/Philip Koschel (S. 20), © Wikformi/wikimedia (S. 21), © Lotse/wikimedia (S. 22), © Toniklemm/wikimedia (S. 24, 25 oben), © 44Pinguine/wikimedia (S. 25 unten), © Thomas Wolter/Pixabay (S. 26 oben), © Rainer Halama/wikimedia (S. 26 unten), © SilP/wikimedia (S. 27), © Paul Korecky/wikimedia (S. 28, 51 oben), © Membeth/wikimedia (S. 30), © A Savin/wikimedia (S. 31, 34, 57 oben, 49 unten, 156 unten, 173 unten, 174, 211 oben, 216, 221 oben, 221 unten), © PetrusSilesius/wikimedia (S. 36), © Leonhard Lenz/wikimedia (S. 37 unten), © Reinhard Christian Niklaus/wikimedia (S. 38), © visitBerlin/Mo Wüstenhagen (S. 40/41), © Jean-Pierre Dalbéra/wikimedia (S. 44 oben), © Pepito Sbazzeguti/wikimedia (S. 44 unten), © Norbert Futschek/Pixabay (S. 45 oben), © Suse/wikimedia (S. 45 unten), © Kerstin Riemer/Pixabay (S. 48), © Yuropoulos/wikimedia (S. 49 oben), © Biberbaer/wikimedia (S. 51 unten), © Hans G. Oberlack/wikimedia (S. 55), © Daniela Kloth/kloth-grafikdesign.de (S. 60, 118/119), © Escla/wikimedia (S. 63 oben), © Gunhildangelika/wikimedia (S. 67 oben), © Radler59/wikimedia (S. 76, 77 oben, 77 unten), © Queryzo/wikimedia (S. 85 oben, 87 unten), © Ymblanter/wikimedia (S. 85 unten), © Gregor Rom/wikimedia (S. 86 links), © Mathias Krumbholz/wikimedia (S. 87 oben), © Global Fish/wikimedia (S. 92 unten), © Fridolin freudenfett/wikimedia (S. 93), © Fabian W/ wikimedia (S. 98), © JoachimKohler-HB/wikimedia (S. 100), © Worldfootage/wikimedia (S. 103 unten), © ernstol/wikimedia (S. 108 oben), © Gundula Vogel/Pixabay (S. 117), © Kds11/wikimedia (S. 118), © ErwinMeier/wikimedia (S. 119 rechts), © Axel Mauruszat/wikimedia (S. 124), © Google Arts & Culture/wikimedia (S. 128 links), © Ralf Roletschek/roletschek.at (S. 133, 139 unten), © Hans G. Oberlack/wikimedia (S. 136 links), © FrankBothe/wikimedia (S. 137), © Oderbruchmuseum/wikimedia (S. 138), © Molgreen/wikimedia (S. 139 oben), © Pantona/wikimedia (S. 146), © Kvikk/wikimedia (S. 150 oben), © Assenmacher/wikimedia (S. 152, 215 oben, 220), © Lienhard Schulz/wikimedia (S. 154, 155, 156 oben, 161), © Nizarras/wikimedia (S. 157), © Seenland Oder-Spree/Florian Läufer (S. 162, 165 oben), © Wieschendahl/wikimedia (S. 165 unten), © J.-H. Janßen/wikimedia (S. 168, 209, 210), © Lukas Beck/wikimedia (S. 169 oben), © Sebastian Wallroth/wikimedia (S. 170), © Hamster3/wikimedia (S. 173 oben), © Muck/wikimedia (S. 183 unten), © Clemensfranz/wikimedia (S. 185 rechts, 207 unten), © Christian Gebhardt/wikimedia (S. 192, 194, 195, 197), © Leonhard Lenz/wikimedia (S. 196), © Jan-Herm Janßen/wikimedia (S. 201), © Jörg Blobelt/wikimedia (S. 202 oben, 203 unten), © TMB Tourismus Marketing Brandenburg GmbH/Yorck Maecke (S. 204), © Z thomas/wikimedia (S. 215 unten), © M_H. DE/wikimedia (S. 219).

Gestaltungskonzept und Umschlaggestaltung: Alexandra Struve, www.designundich.de, Braunschweig

Buchgestaltung Inhalt: Horst Krückemeier, www.hokrue.de, Bielefeld

Kartografie: BVA BikeMedia

ISBN: 978-3-96990-150-2